selbst ist der Mann

REGALE, REGALE ANREGUNGEN ZUM SELBERBAUEN

MOEWIG

Verlagsunion Erich Pabel-Arthur Moewig KG, Rastatt

Sämtliche Anleitungen und Abbildungen stammen, sofern nicht anders angegeben, aus dem Redaktionsarchiv der Zeitschrift „Selbst ist der Mann", Köln. Alle Angaben zu Material, Anwendung und Verarbeitung wurden sorgfältig geprüft. Dennoch muß im Einzelfall entschieden werden, ob die Bauvorschläge für den konkreten Verwendungszweck geeignet sind. Der Verlag kann eine Haftung für Personen-, Sach- oder Vermögensschäden, die sich aufgrund von Arbeiten gemäß den in diesem Band gesammelten Anleitungen ergeben, nicht übernehmen.

Nachweis der Urheberrechte: Seite 7-10:Rigips/Metabo/Caparol-Farben/Fischer-Dübel/UHU; Seite 11-14: Caparol-Farben/UHU; Seite 15-20 Lars Dalsgaard; Seite 21-24:Metabo/Caparol-Farben/Henkel/Gori; Seite 25-28, 53-56, 71-74, 87-94: Caparol-Farben/Henkel; Seite 29-32: UHU; Seite 33-38: Metabo/Caparol-Farben/Glasurit/Lugato/Beiersdorf/Villeroy & Boch/Henkel; Seite 39-44: UHU/Lux/Metabo/Fischer-Dübel/Caparol-Farben/Beiersdorf; Seite 49-52: Metabo/Danzer/Henkel/ Beiersdorf/Caparol-Farben/Villeroy & Boch; Seite 57-60: Caparol-Farben/Hornitex/UHU/ AEG-Elektrowerkzeuge.

Originalausgabe

Redaktion: Bert Plank
Umschlagentwurf und -gestaltung: Network!, München
Umschlagfotos: Jochen Grün
Auslieferung in Österreich:
Pressegroßvertrieb Salzburg Gesellschaft m. b. H.,
Niederalm 300, A-5081 Anif
Printed in Portugal 1991
Druck und Bindung: Printer Portuguesa
ISBN 3-8118-8523-5

Inhalt

Eine runde Sache 7

Die Türwand nützen 11

Säulenparade für Grünes und Schönes 15

Blumenpyramide 21

Blumen hochgestapelt 25

Treuer Butler 29

Praktische Möbel nicht nur für die Küche 33

An die Decke gehängt 39

Giebel mit Profil 45

Edle Prismen 49

Patente Schienen 53

Eine leuchtende Lösung 57

Musik bunt gemischt 61

Ein Regal mit Zuneigung 65

Nichts für Pedanten 69

Regal aus Fensterglas 71

Thema mit Variation 75

Schichtarbeit 83

Transparenz mit Holz 87

Dekorativer Schreibplatz 91

Eine runde Sache

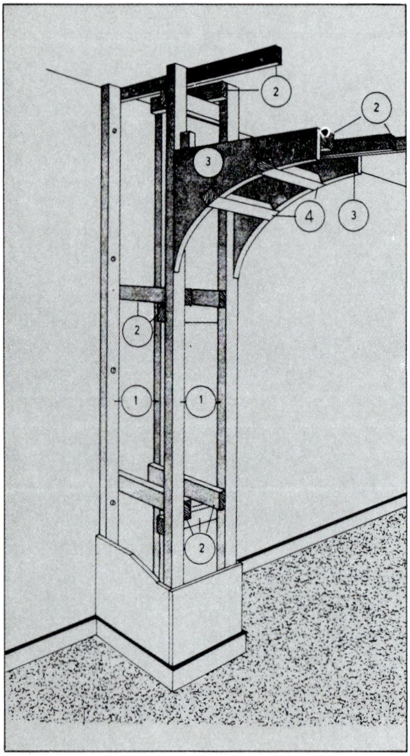

Die Unterkonstruktion der Trennwand mit Rundbogen besteht aus 24 x 60 mm starken Rahmenhölzern (1), die durch aufgeschraubte Querstreben (2) aus 24 x 48 mm starken Dachlatten verbunden werden. Die Kontur des Rundbogens wird durch zwei Formspanten aus 19 mm Spanplatte bestimmt (3), die in die Dachlatten-Abschnitte (4) als zusätzliche Auflagen eingelassen sind.

Altbauwohnungen zeichnen sich meist durch große Räume aus. Manchem wäre es aber lieber, statt einem großen Zimmer zwei kleinere zu haben. Mancher experimentiert dann mit Raumteiler-Regalen, allerdings wirkt diese Lösung oft provisorisch und befriedigt wenig. Eine attraktive Alternative stellt diese in Trockenbauweise aus Rigips-Platten errichtete Trennwand mit Rundbogen und zwei schmalen, in den Bogen integrierten Regalen dar.

Zuerst gilt es, die Position der Trennwand festzulegen und mit einer langen Richtlatte auf dem Fußboden zu markieren, wobei auf Rechtwinkligkeit zu achten ist. Entlang den Markierungen an Fußboden, Wänden und Decke werden dann 24 x 48-mm-Dachlatten angedübelt. Zuvor wird noch jeweils ein Streifen Rigips-Anschlußdichtung auf Boden, Wand und Decke geklebt, was für einen dichten Anschluß sorgt.

Im Abstand der Breite der Rigips-Ein-Mann-Platten werden zwischen Decken- und Bodenleisten senkrechte Leistenstreben eingebaut und durch passende Leistenabschnitte verbunden. Die Kontur des Rundbogens legen zwei in das Holzständerwerk geschraubte Spanplattenspanten fest, an denen später die Rundbogenverkleidung angeschraubt wird.

Die beiden Regalwangen, die den Rundbogen seitlich einfassen, bestehen aus 19 Millimeter starker Spanplatte und werden mit der Handkreissäge auf Maß zugeschnitten. Dabei sorgt der Parallelanschlag für eine exakte Breite und einen geraden Schnitt. Die Böden werden in gleicher Weise zugeschnitten, sind aber

zwei Zentimeter schmaler als die Seitenwangen und springen so auf beiden Seiten einen Zentimeter gegen die Wangenkanten zurück.
Böden und Seitenwangen werden durch 10 mm Buchenrunddübel verbunden und zusätzlich mit der Pattex-Schmelzklebepistole miteinander verklebt. Der Schmelzkleber ist bereits nach zwei Minuten fest, so daß man zügig weiterarbeiten kann. Die Innenflächen der Trennwand werden mit kurzen Rigips-Stücken verkleidet, deren Länge exakt dem Abstand zweier Regalböden entspricht. Zwischen zwei benachbarten Verkleidungsstücken läßt man eine 19 mm breite Fuge stehen, in die dann das freie Ende der Regalböden unter Zugabe von Schmelzkleber eingeschoben wird. Damit sich der Rundbogen sauber verkleiden läßt, muß der auf passende Breite zugeschnittene Rigips-Streifen alle drei Zentimeter parallel mit der Feinsäge eingeschnitten werden. Durch dieses rückseitige Einsägen läßt sich der Streifen exakt der Rundung anpassen, in der er mit Rigipsschrauben befestigt wird.
Wenn die Trennwand im Rohbau fertiggestellt ist, werden alle Stoßfugen wie auch die Schraubenköpfe mit Rigiplast-Spachtel glattgespachtelt. Nach dem Trocknen sollte man noch ein- bis zweimal nachspachteln, um eine vollkommen plane Fläche zum Tapezieren zu erhalten. Vor dem Anbringen der Tapeten werden die Rigips-Flächen noch mit Caparol-Tiefgrund TB grundiert.

Als erstes muß die Position der Trennwand festgelegt werden. Sie wird mit einer langen Richtlatte oder Tapezierschiene auf dem Boden, den Wänden und der Decke markiert. Dabei ist auf absolute Rechtwinkligkeit zu achten.

Während man zum Befestigen an Wand und Boden Fischer Nageldübel N6 x 60 benützt, sollte man für die Decke Rahmendübel S8 H 80R derselben Firma benützen, da die Zimmerdecke oft aus Hohlkammerelementen besteht.

Mit der Handkreissäge werden die beiden Regalwangen aus 19 mm starker Spanplatte ausgeschnitten. Aus dem gleichen Material bestehen auch die Fachböden, die zwei Zentimeter schmaler sind und so beidseitig einen Zentimeter zurückspringen.

Böden und Seitenwangen werden mit 10 mm Buchenrunddübeln verbunden und mit Technicoll-hobby-Holzleim verklebt. Die senkrechten Flächen innerhalb des Rundbogen-Durchgangs sind mit kurzen Rigips-Zuschnitten verkleidet.

Die auf passende Breite zugeschnittenen Rigips-Streifen werden von der Rückseite alle drei Zentimeter parallel zu den Schmalseiten mit der Feinsäge etwa bis zur Hälfte der Plattenstärke eingeschnitten, damit sie sich der Rundung anpassen.

Sämtliche Stoßfugen wie auch die Schraubenköpfe werden sorgfältig mit Rigiplast gespachtelt. Nach dem Trocknen sollte man noch ein- bis zweimal nachspachteln, um eine vollkommen plane Fläche zum Tapezieren zu erhalten.

Die Türwand nützen

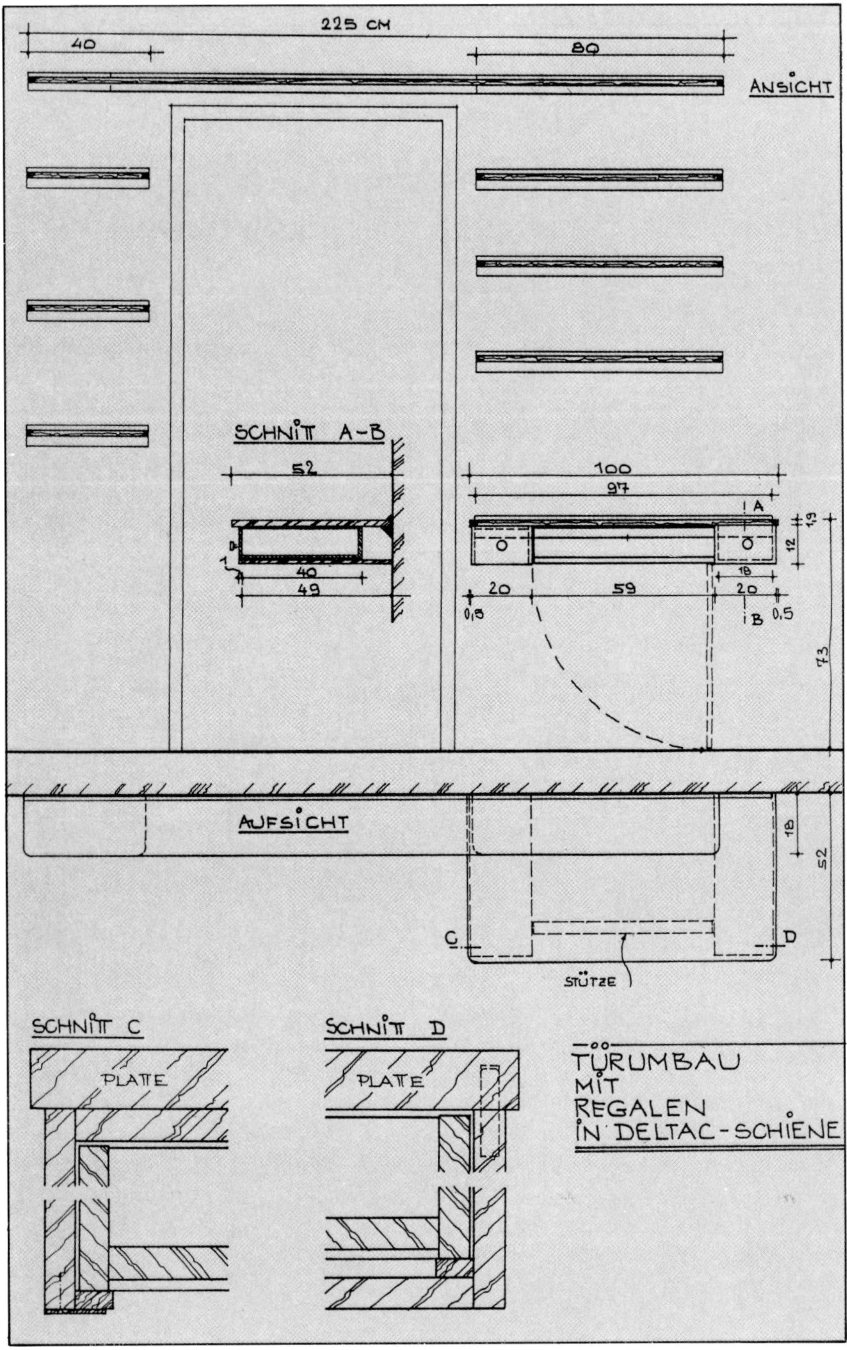
225 CM
40
80
ANSICHT
SCHNITT A-B
52
40
49
100
97
A
1,9
12
18
20
59
20
0,5
B
0,5
73
AUFSICHT
18
52
C
D
STÜTZE
SCHNITT C
PLATTE
SCHNITT D
PLATTE
TÜRUMBAU
MIT
REGALEN
IN DELTAC-SCHIENE

Gerade in kleineren Wohnungen fehlt es häufig an dem notwendigen Stellplatz für Bücher oder Pflanzen. Abhilfe kann man schaffen, indem man den meist leeren Raum um die Türen ausnützt. Für die Montage der Regalfächer lassen sich Deltac-Schienen einsetzen, die besonders einfach zu montieren sind und eine Tragfähigkeit bis zu 75 Kilogramm pro laufendem Meter haben. Daher ist es auch möglich, an einer solchen Aufhängung eine Schreibtischplatte anzubringen. Wenn man dann noch darunter ein Regalfach mit zwei Schubfächern montiert, ist die Angelegenheit perfekt. Bevor man die Schreibtischplatte montiert, ist es gut möglich, die vier 40 Zentimeter langen Hartholzleisten (12 x 6 mm) anzuleimen, die als Laufleisten für die Schubkästen dienen.

Da die Schreibfläche 52 Zentimeter breit ist, muß sie mit einer Stütze versehen werden, die sich mit Hilfe eines Scharniers unter dem rechten Schubfach anschlagen läßt. Regalfächer und Vorderseite der Schubläden können individuell mit Farben gestaltet werden. Mit wasserhaltigem Capacryl-Seidenglanzlack ist es leicht, die Spanodur-Platten umweltschonend zu lackieren. Helle, frische und leuchtende Farben unterstreichen die klar gegliederte Form des Türumbaus. Des besseren Aussehens wegen sollten die Ecken der Regalbretter vor dem Einklinken in die Profilschienen noch abgerundet werden. Hier hilft eine Stichsäge. Die Sägekanten werden hier ebenfalls mit Umleimer abgedeckt, der sich problemlos aufbügeln läßt.

Materialliste

Pos.	Anz.	Bezeichnung	Maße in mm	Material
1	6	Deltac-Schienen	800 lang	Farbe Rot
2	2	Deltac-Schienen	1200 lang	
3	3	Regalböden	400 x 180	Spanodur weiß 19 mm dick
4	3	Regalböden	800 x 180	
5	1	Regalboden	2250 x 180	
6	1	Schreibplatte	1000 x 520	
7	4	Unterbauseiten	490 x 120	Spanodur 10/13 mm dick
8	2	Unterbauböden	490 x 180	
9	4	Schubkastenseiten	400 x 100	
10	2	Schubkastenböden	400 x 157	
11	2	Schubkasten-rückwände	157 x 88	
12	2	Schubkastenfronten	200 x 118	
13	4	Laufleisten	400 lang	Hartholz 12 x 6 mm
14	1	Schreibtischstütze	590 lang	Fichte 20 x 40 mm

1 Scharnier für die 40 mm breite Stütze; 1 Magnetschnäpper; 2 Schubkastengriffe in Rot; UHU coll Spezial; UHU greenit Kompaktkraft; Horniflex-Umleimer in Weiß; Capacryl-Seidenglanzlack.

Aus Spanodur-Platten lassen sich die Schubfächer mit Hilfe von Holzleim einfach zusammenfügen. Die Schnittkanten werden mit Umleimer abgedeckt.

Mit Grundfolie beschichtete Spanodur-Platten können ohne Voranstrich sofort mit umweltschonenden Capacryl-Lacken in Farbe gesetzt werden. Sie sind versprödungs- und vergilbungsfrei.

Das komplett zusammengebaute Pult wird mit der nach hinten etwas überstehenden Schreibplatte in die Deltac-Schiene eingeklinkt. Die klappbare Stütze verleiht ihm Festigkeit.

Auch die übrigen Regalbretter, deren vordere Ecken abgerundet wurden, sind mit Umleimern versehen. So vorbereitet, werden sie in den Klemmschienen fixiert.

Säulenparade für Grünes und Schönes

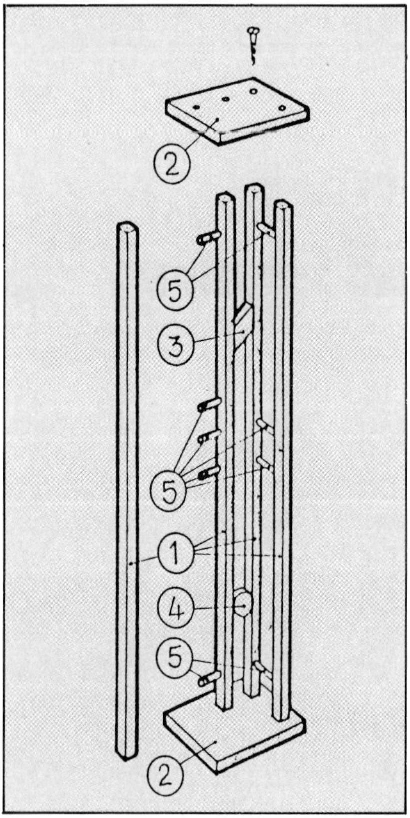

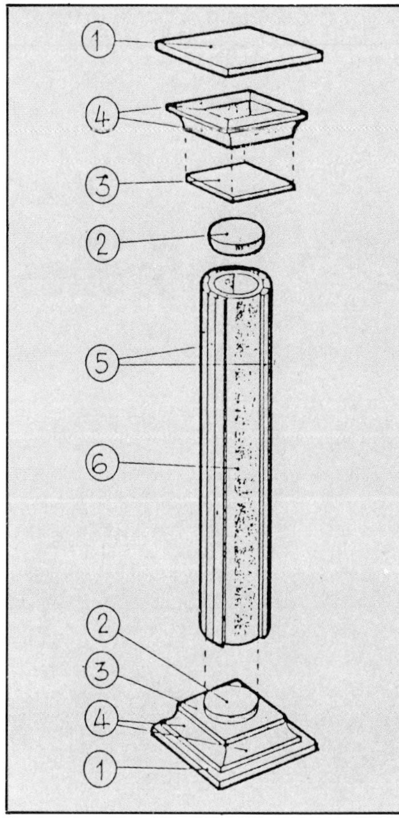

Fünf unterschiedliche Varianten eines immer wieder sehr beliebten Themas haben wir diesmal für Sie ausgesucht: Blumensäulen, die schmücken und zugleich ein sicherer Standplatz für Ihre grünen Lieblinge sind. So verschieden sie sind, passen sie sich jedem Einrichtungsstil an, und Ihre Pflanzen kommen auf den Stellflächen ganz besonders gut zur Geltung. Leicht zu bauen und schön anzuschauen ist der schwarze Ständer. Er bringt Ihnen einen Hauch von Fernost in die Wohnung. Die vier Stützen verbinden Sie, wie aus der Zeichnung ersichtlich, mit den Distanzhölzern aus Buche. Ober- und Unterplatte werden mit Spanplatten-Schrauben an den Stützen befestigt. Die beiden Dekorteile zwischen die Stützen einleimen.

Die klassische Säulenform entsteht aus einer Papprolle, die mit abgerundeten Zierleisten umklebt wird. Ober- und Unterteil bestehen jeweils aus verschiedenen Elementen, die miteinander verleimt und vernagelt werden. Die genauen Maße finden Sie in unserer Materialliste.

Unser dritter Blumenständer hat zwei Stellflächen. Auf seiner Vorder- und der Rückseite besitzt er ein hübsches Muster aus Birken-Sperrholzstreifen. Beim Kauf der Sperrholzplatte sollten Sie auf Qualität achten, damit sie nicht zuviel Äste oder Unebenheiten aufweist, da die Streifen sonst später beim Biegen brechen könnten. Die Ornament-Leisten müssen Sie so aussägen, daß die Fasern des Furniers quer verlaufen. Außerdem werden die Leisten dort, wo man sie zusammensteckt, jeweils bis zur halben Holzstärke ausgespart. Die oberen und unteren Querstreben verbindet man unter Leimzugabe mit den Stützen, dann bringt man die beiden Böden an. Zum Schluß werden die ineinandergesteckten Birken-Sperrholzstreifen mit Leim zwischen die beiden Böden gesetzt. Die einfachste unserer Blumensäulen haben wir in wirkungsvoller Dreier-Kombination mit unterschiedlichen Höhen gestaltet. Die obere Platte befestigen Sie mit einer Senkkopfschraube, die untere etwas ansenken und die Zugmutter von unten einsetzen. Dann die Stockschraube in das Rundholz drehen und das andere Ende in die Zugmutter einschrauben.

Der letzte Säulenvorschlag hat einen quadratischen Grundriß. Die Seitenwände werden stumpf zusammengeleimt und erhalten später Eckleisten, wie es auf der Zeichnung dargestellt ist. Die beiden Aufsätze fertigen Sie jeweils aus vier Hohlkehlleisten und einer Platte, die unter Leimzugabe mit Spanplatten-Schrauben zusammengefügt werden. Sie bilden einen fließenden Übergang zum Korpus. Wenn Sie die Säule später zweifarbig lackieren möchten, ist es günstiger, alle Teile vor dem Zusammenbau anzustreichen.

Materialliste

Säule links:

Pos.	Anz.	Bezeichnung	Maße in mm	Material
1	4	Stützen	790 lang	Fichte 15x15 mm
2	2	Platten	175x140	Multiplex 15 mm dick
3 4	1 1	Distanzhalter Distanzhalter	110x 35 ∅ 50	Sperrholz 10 mm dick
5	9	Distanzhölzer	70 lang	Buche ∅ 8 mm

8 Spanplatten-Schrauben 4,0x40; Holzleim.

Säule rechts:

Pos.	Anz.	Bezeichnung	Maße in mm	Material
1 2	2 2	Platten Platten	234x234 ∅ 130	Multiplex 15 mm dick
3	2	Platten	170x170	Sperrholz 10 mm dick
4	8	Hohlkehlleisten	214 lang	Fichte 27x27 mm
5	21	Zierleisten*	700 lang	Fichte 21x5 mm
6	1	Papprolle	700 lang	∅ 140x5 mm

Spanplatten-Schrauben; Nägel; Holzleim.
* Längskanten abgerundet.

Materialliste

Pos.	Anz.	Bezeichnung	Maße in mm	Material
1 2	1 1	Boden Boden	235 x 235 220 x 220	Sperrholz 10 mm dick
3	4	Stützen	1100 lang	Fichte 21 x 21 mm
4 5	4 4	Querstreben Querstreben	240 lang 160 lang	Fichte 44 x 21 mm
6	4	Verzierungen	940 x 21	Birken-Sperrholz 4 mm dick

Spanplatten-Schrauben; Nägel; Holzleim.

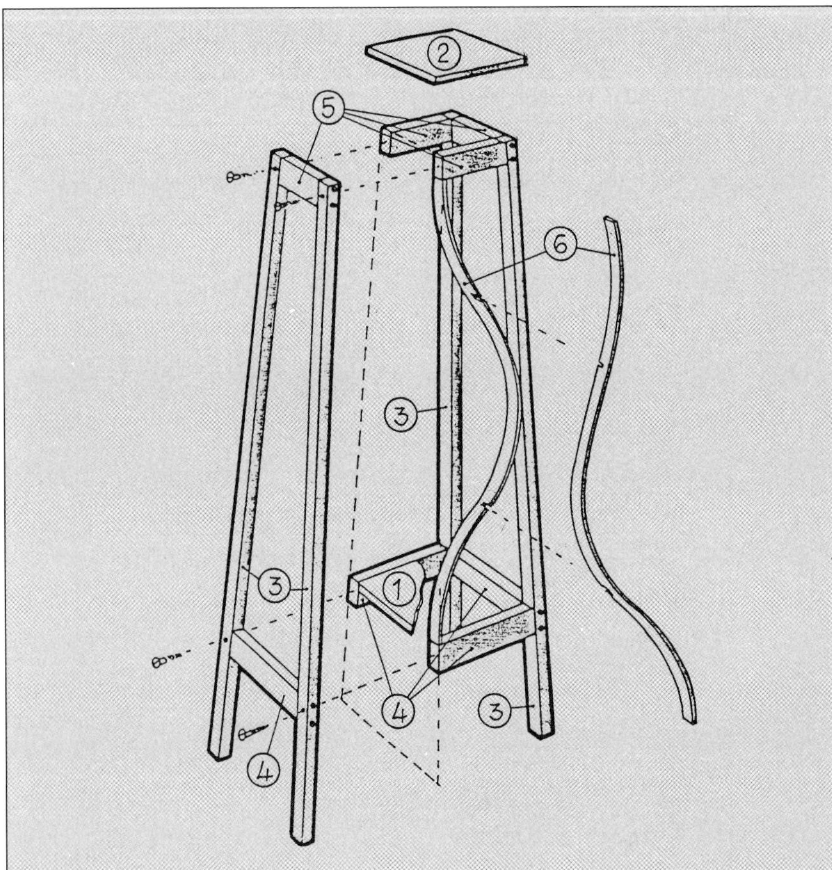

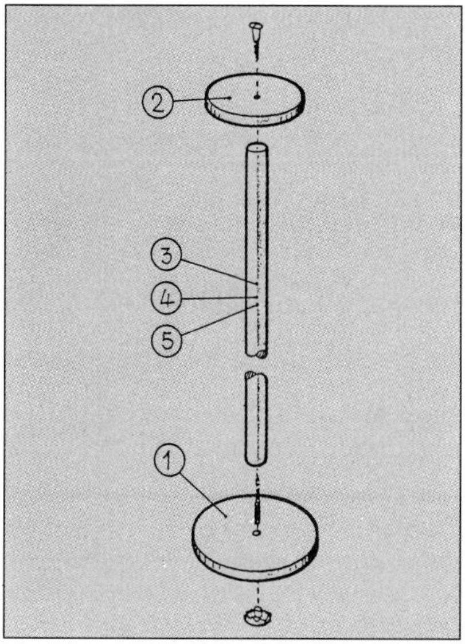

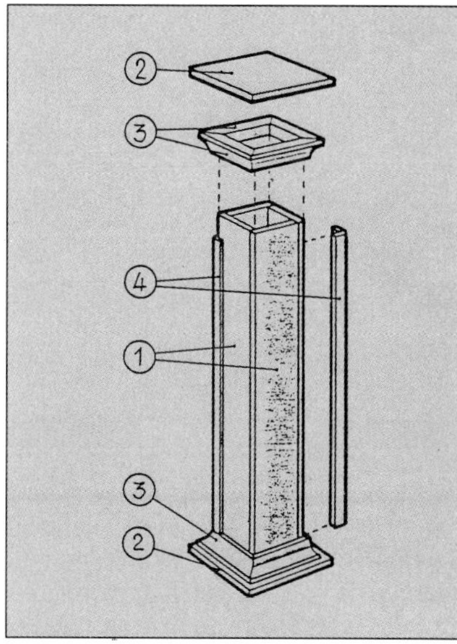

Materialliste

Säule links:

Pos.	Anz.	Bezeichnung	Maße in mm	Material
1 2	3 3	Bodenplatten Kopfplatten	⌀ 260 ⌀ 210	Multiplex 15 mm dick
3 4 5	1 1 1	Stütze Stütze Stütze	420 lang 770 lang 1170 lang	Rundholz Fichte ⌀ 30 mm

3 Senkkopf-Schrauben 5,0x50; 3 Stockschrauben M8/8,0x60 mm; 3 Zugmuttern M8; 9 Filz-Möbelfüße, 3 mm dick; Holzleim.

Säule rechts:

Pos.	Anz.	Bezeichnung	Maße in mm	Material
1	4	Seitenwände	680x120	Sperrholz 10 mm dick
2	2	Platten	203x203	Multiplex 15 mm dick
3	8	Hohlkehlleisten	183 lang	Fichte 27x27 mm
4	4	Eckleisten	626 lang	Fichte 21x21 mm

Spanplatten-Schrauben; Nägel; Holzleim.

Der Blumenständer mit dem Hauch von Fernost wirkt fast wie ein kleines Kunstwerk. Nachdem alle Teile gut miteinander verbunden sind, gut schleifen und die Farbe auftragen. Dabei sollte man besonders auf den Kontrast der Dekorteile achten.

Das Foto zeigt alle Teile, die Sie zum Bau der gezeigten Säule benötigen. Die Papprolle mit einem Durchmesser von 140 Millimetern bekamen wir in einem Teppichgeschäft. Alle anderen Sachen sind in Bau- und Heimwerkermärkten zu erhalten.

Mit einer Laubsäge werden die Rundteile so ausgeschnitten, daß die Kanten einen Winkel von 60 Grad erhalten. Nach dem Zusammenbau schleift man das Material. Anschließend mit Silber gespritzt, bringen die Säulen einen Hauch von High-Tech in die Wohnung.

Jeweils vier Hohlkehlleisten sowie eine Platte bilden Ober- und Unterteil des Ständers. Besonders gut sieht die quadratische Säule aus, wenn man sie in den Farben der Wand streicht, vor der sie steht.

Blumenpyramide

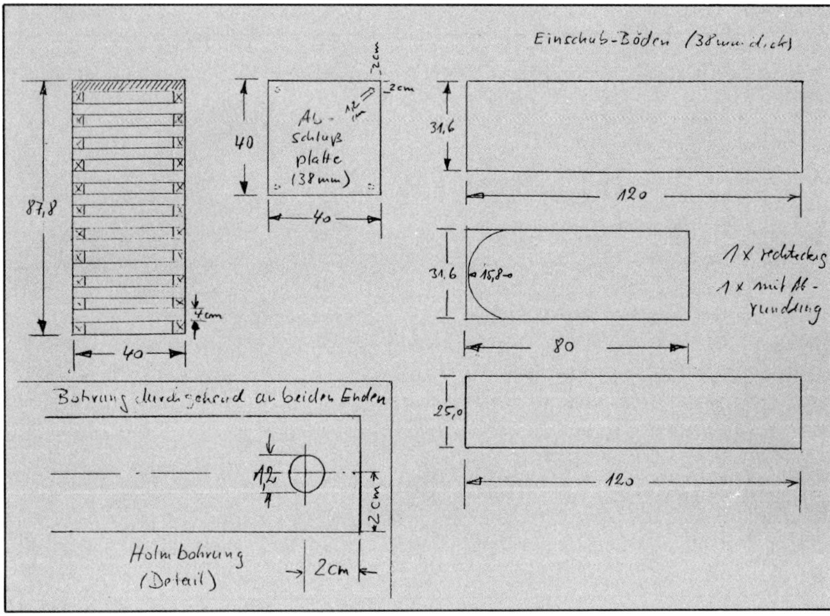

Blumenfreunde mit dem sprichwörtlichen grünen Daumen geraten zuweilen in Bedrängnis, wenn ihre grüne Pracht allzu gut gedeiht und es allmählich an Platz fehlt, um allen Pflanzen die nötige Sonne zukommen zu lassen. Einen ebenso hübschen wie praktischen Ausweg aus diesem Dilemma stellt unser Stufengarten aus Vierkanthölzern dar, der leicht nachzubauen ist.

Zuerst werden die benötigten Hölzer mit der Hand- oder Tischkreissäge exakt rechtwinklig abgelängt. Wir wählten einen Holz-Querschnitt von 40 mal 40 Millimetern und sägten die Sprossen auf jeweils 40 Zentimeter Länge. Um den gewünschten Turm zu erhalten, werden diese Holme, wie im Bild zu erkennen ist, übereinandergesetzt. Als Verbindung dienen vier Rundholzstäbe von 12 Millimetern Durchmesser. Um sie aufzunehmen, müssen die Holme an beiden Enden mit einer entsprechenden Bohrung versehen werden. Damit diese deckungsgleich ausfallen, verwendet man am besten einen Bohrständer, den man mit einem Anschlag versieht. Dafür verwendeten wir einen Leistenabschnitt, den wir mit einer Schraubzwinge anklemmten. Für saubere, nicht ausreißende Bohrungen sorgen ein scharfer Holzbohrer und eine Leiste als Unterlage.

Wenn alle Holme gebohrt sind, sollte man den Anschlag nicht gleich demontieren; er wird nämlich noch benötigt, um, ebenfalls deckungsgleich, die Dübelbohrungen in die obere Abdeckplatte zu bohren, die mit der Tischkreissäge aus 38 Millimeter starker Preßspanplatte zugeschnitten wird. Man kann auch zwei 19 Millimeter starke Platten aufdoppeln.

Als nächstes geht es an die Oberflächenbehandlung der Einzelteile. Dafür kann man zum Beispiel Gori-Fensterlasur dunkelbraun verwenden oder auch Capacryl eukalyptusgrün. Wir haben beide Variationen ausprobiert. Die Deckplatte und die Einschiebeböden haben wir in beiden Fällen mit Capacryl seidenweiß lackiert. Beim Rundumstreichen der Holme hilft ein durch die Bohrungen gestecktes Rundholz.

Wenn der Anstrich gut durchgetrocknet ist, kann es an den Zusammenbau gehen. Mit einem Winkel wird zunächst das Grundviereck sauber ausgerichtet. Die Holme werden an den Auflageflächen mit Ponal-express sauber verleimt, und auch die Rundhölzer werden in die Bohrungen geleimt. Wenn das Grundviereck abgebunden hat und keine Gefahr mehr besteht, es noch zu verschieben, können wir den Turm Etage für Etage aufbauen. Dabei wird jede Eckverbindung verleimt und auch Leim auf die Rundholme gegeben. Zum Abschluß wird die Abdeckplatte aufgesetzt, deren Schnittkanten vor dem Lackieren gespachtelt und geschliffen werden.

Während der Turm trocknet, wenden wir uns den Einschubböden zu. Sie bestehen ebenfalls aus 38 Millimeter starker Spanplatte. Breite und Länge können variieren, die Breite zwischen 31,6 Millimetern bis zu 20 Zentimetern. Je nachdem, ob sie einseitig oder auf beiden Seiten aus dem Turm ragen sollen, kann man sie 80 oder 120 Zentimeter lang machen. Optisch gut sieht es aus, wenn die oberen Böden kürzer sind als die unteren.

Materialliste

Pos.	Anz.	Bezeichnung	Maße in mm	Material
1	42	Vierkanthölzer	40 x 40 400 lang	
2	4	Rundhölzer	∅ 12 ca. 1000 lang	
3	1	Zuschnitt	400 x 400	Spanplatte
4	1	Zuschnitt	316 x 800	38 mm dick
5	1	Zuschnitt	316 x 1200	oder aus
6	1	Zuschnitt	250 x 1200	2 x 19 mm
7	1	Zuschnitt	800 x 316*	aufgedoppelt

Ponal-express; Gori-Fensterlasur, nußbaumbraun; Capacryl-Haftprimer; Capacryl-Lack weiß oder grün; Lackspachtel.
* Mit einseitig halbkreisförmig abgerundeter Kontur.

Ein Leistenabschnitt, der mit einer Zwinge befestigt wurde, dient als Anschlag beim Bohren. So erzielt man exakte Deckungsgleichheit der Löcher für die Rundstäbe. Das gleiche System verwendet man für die Abdeckplatte.

Ein Rundholz erleichtert die Arbeit, wenn man die Holme auf allen Seiten streichen will. Es wird durch die Bohrungen gesteckt und sorgt so dafür, daß die Finger sauber bleiben.

Als erstes wird das Grundviereck unter Verwendung eines Winkels sauber verleimt. Erst wenn es abgebunden hat, sollte man an den Aufbau des Turms gehen, damit sich nichts mehr verschieben kann.

Die Kanten der Abdeckplatte werden vor dem Lackieren sauber gespachtelt und geschliffen. Dann wird sie unter Leimzugabe aufgesetzt und mit leichten Hammerschlägen fugenlos aufgesetzt, wobei man ein Unterlageholz verwenden sollte, um Beschädigungen zu vermeiden.

Blumen hochgestapelt

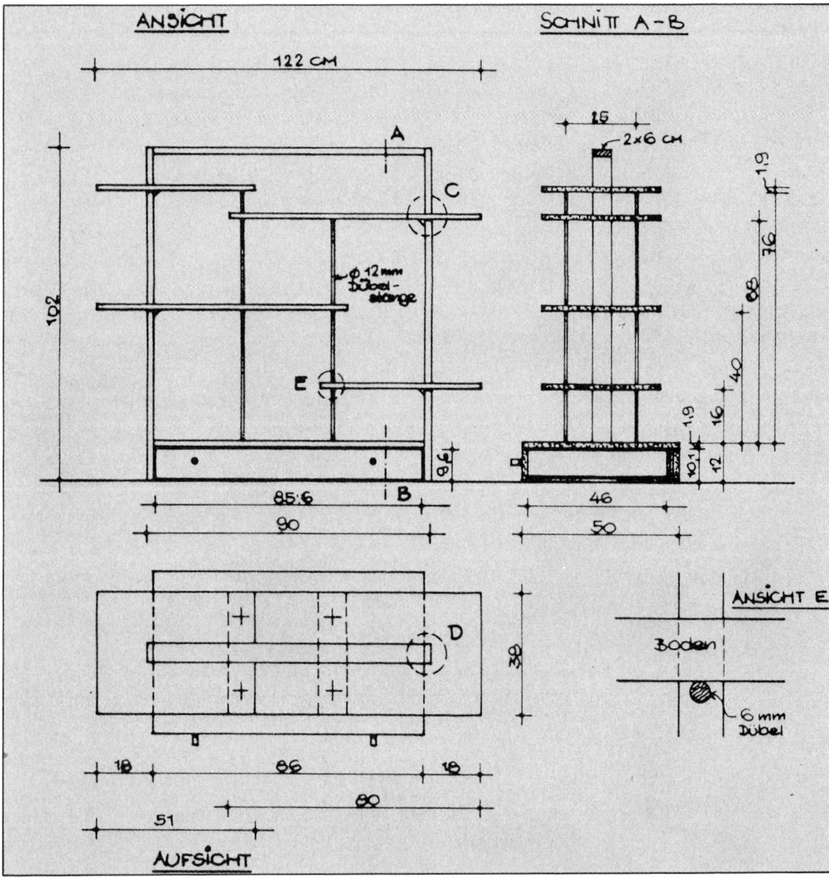

Blumenliebhaber haben meist ein Problem: Der zur Verfügung stehende Platz an der Fensterbank ist zu eng bemessen und reicht nicht aus. Abhilfe schafft da der hier vorgestellte attraktive Topfblumenständer, der mit fünf unterschiedlich hohen Böden und zusätzlich einer Schublade ausgestattet ist, in der sich beispielsweise Blumenerde oder Geräte wie Schäufelchen und Schere oder Dünger unterbringen lassen.
Zum Nachbau des Blumenständers wird nur wenig Material benötigt. Wenige Tischler- oder Spanplatten sowie drei Leisten und vier Rundhölzer nebst einigen Kleinteilen reichen aus. Begonnen wird beim Zusammenbau mit dem Sockel, der aus vier Platten-Zuschnitten besteht. Er ist vorne offen, damit er später die Schublade aufnehmen kann. Die nach Maß zugeschnittenen Platten werden an den Schnittkanten mit Ponal-Expreß-Holzleim eingestrichen und anschließend verschraubt. Dies geht am besten mit Spanplattenschrauben, weil hier Vorbohren überflüssig ist.
Der Schubkasten wird auf die gleiche Weise zusammengefügt. An der Untersei-

te bringt man vier Möbelrollen an, damit er sich leicht bewegen läßt.
Entsprechend der Konstruktionszeichnung werden die Böden mit rechteckigen Durchbrüchen versehen, die später die senkrechten Leisten aufnehmen. In die Böden werden dann zusätzlich Löcher für die Stützdübel mit einem Durchmesser von 12 bis 16 mm gebohrt.
An den senkrechten Leisten und den Rundhölzern wird nun die Lage der Böden angezeichnet. Um zu prüfen, ob das Gerüst genau senkrecht steht, werden die Böden zunächst einmal nach dem Verschrauben der Leisten links und rechts am Sockel ohne Zugabe von Holzleim in ihrer Höhe plaziert und genau ausgerichtet. Damit die Böden nicht von den Rundhölzern abrutschen, werden sie zusätzlich durch eingeschobene 6-mm-Dübel abgestützt. Die gleiche Funktion übernehmen Dreikantklötze, die an den senkrechten Leisten angebracht werden.
Nun werden die Böden in ihre endgültige Stellung geschoben und fixiert. Nachdem auch die Bodenträger verleimt sind, wird die obere Querleiste zwischen die beiden Senkrechten geleimt und verschraubt. Zum Lackieren eignet sich am besten der umweltfreundliche Capacryl-Lack, der wasserhaltig ist, schnell trocknet und nicht spröde wird.

Materialliste

Pos.	Anz.	Bezeichnung	Maße in mm	Material
1	1	Bodenplatte	860 x 500	Span- oder Tischlerplatte 19 mm dick
2	1	Sockel hinten	822 x 101	
3	2	Sockel seitlich	481 x 101	
4	1	Schubkasten Vorderstück	856 x 96	
5	2	Böden	800 x 380	
6	2	Böden	510 x 380	
7	2	Schubkasten-Seiten	460 x 96	Spanplatte 10 mm dick
8	1	Schubkasten-Hinterstück	796 x 96	
9	1	Schubkasten-Boden	796 x 450	
10	2	senkr. Leisten	1020 lang	Kiefer 20 x 60 mm
11	1	waager. Leiste	860 lang	
12	2	Dübelstangen	700 lang	∅ 12–16 mm
13	2	Dübelstangen	785 lang	
14	2	Dreieckklötze	40 lang	20 x 20 mm

4 Rollen für Schubkasten, Höhe 12–15 mm; 10 Dübel ∅ 6 mm; 2 Knöpfe, Farbe nach Wahl; Ponal-express Holzleim; ca. 750 ml bzw. 2 x 375 ml Capacryl-Acryllack, Farbe(n) nach Wahl.

Sowohl der Sockel als auch die Schublade werden aus genau zugeschnittenen Span- oder Tischlerplatten unter Zugabe von Holzleim zusammengeschraubt.

Um das Blumenregal genau ausrichten zu können, werden die Böden erst zusammengesteckt. Ihren Sitz markiert man mit Bleistift an den Leisten.

Dübel und Dreikanthölzer tragen die Regalböden. Sie werden mit Ponal-Expreß-Holzleim fixiert. Abschließend die obere Querleiste zwischen die Senkrechten schrauben.

Umweltfreundlicher Capacryl-Lack gibt dem Ganzen den letzten Schliff. Er läßt sich leicht verstreichen und ist wasserlöslich. Darüber hinaus besitzt er ein gutes Deckvermögen.

Treuer Butler

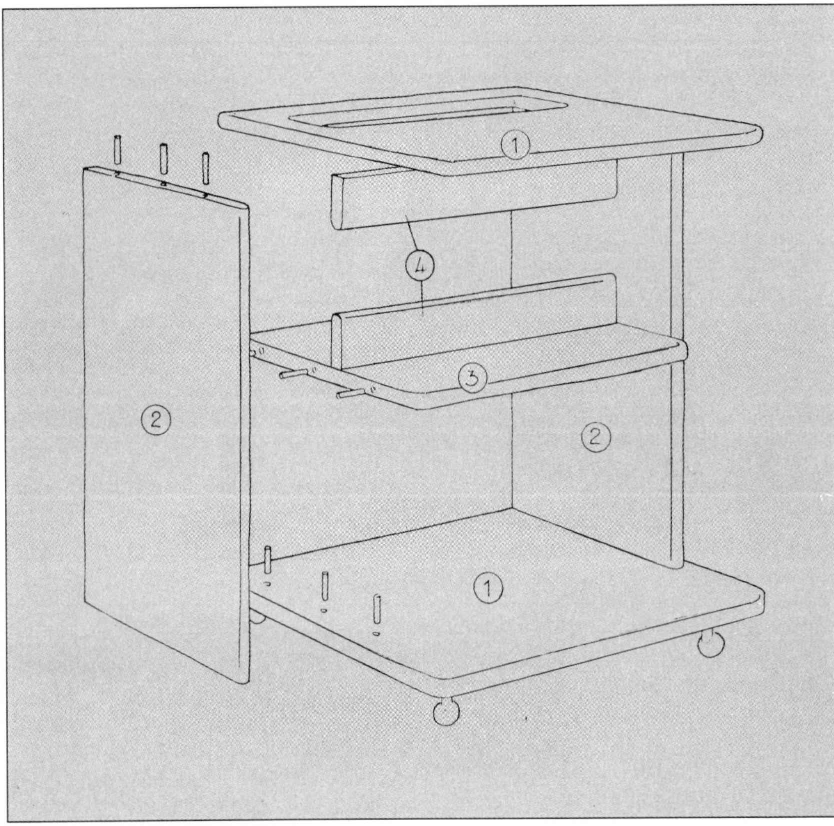

Materialliste

Pos.	Anz.	Bezeichnung	Maße in mm	Material
1	2	Boden/Ablage	400 x 400	Kiefern-Leimholz 19/20 mm dick
2	2	Seitenwände	390 x 250	
3	1	Zwischenboden	340 x 300	
4	2	Verstärkungen	340 x 45	

4 Möbelrollen; 8-mm-Holzdübel; Holzleim.

Auch wenn ihre Gäste nicht Mister Winterbottom, Admiral von Snyder oder Sir Toby, sondern Krause, Lehmann oder Dr. Klöbner heißen: einen ergebenen Diener, der fast alles mitmacht, wissen Sie sicher zu schätzen. Ganz zu schweigen von den Diensten, die er Ihnen erweist, wenn Sie mit ihm allein sind.

Obwohl unser Butler auf den ersten Blick ähnlich hölzern wirkt wie James, ist er doch Miss Sophies legendärem Trinkpartner mit Sicherheit in einem Punkt überlegen: Ein paar Flaschen machen ihm nichts aus. Das muß an der Konstitution liegen. Massives Leimholz, auf recht einfache Weise stabil verbaut, macht den Diener auf Rollen zur nicht nur praktischen, sondern zugleich auch zur schönen mobilen Bar, der die Prozeduren der nächsten Jahre so gut wie nichts anhaben können. Beim Zuschnitt der Leimholzplatten sollten Sie aufpassen, um nicht zuviel Verschnitt zu haben. So entstehen beispielsweise die beiden Seitenwände aus einer 800 x 240 Millimeter großen Platte. Für die Markierung der Dübellöcher verwenden Sie am besten eine Dübelhilfe. Um die Dübel senkrecht einsetzen zu können, empfiehlt sich ein Bohrmobil.

Die Verbindungen unseres stummen Butlers bestehen aus 8 Millimeter starken Buchenrunddübeln und einer gehörigen Portion Holzleim, den Sie vor allem auf den Hirnholz-Kanten großzügig verteilen sollten. Zum Schluß erhält der Diener auf Rollen noch seine „Füße" und einen dauerhaften Anstrich mit einer guten Holzveredelung.

Die Böden und Wände unseres stummen Butlers werden nach den Maßangaben der Materialliste zurechtgeschnitten. Sie bestehen aus massiven Leimholzplatten, die es in jedem Baumarkt gibt. Achten Sie auf die Maße, damit Sie möglichst wenig Verschnitt haben.

Leim und Dübel verleihen dem Möbel Festigkeit und Standsicherheit. Zum Anreißen der Bohrungen sollten Sie eine Dübelhilfe benützen oder eine Bohrschablone, die man selbst anfertigen kann. Exaktes Bohren unterstützt ein Bohrmobil.

Da Flaschen meist höher sind als das obere Fach der rollenden Bar, muß man ihnen Platz verschaffen. Dafür wird an dem Deckel ein Ausschnitt angerissen und dann mit der Stichsäge herausgeschnitten.

Die Rundungen des Flaschenausschnittes werden mit der Fräse ausgearbeitet. Dieses Gerät gibt es heute auch als Vorsatz für die Bohrmaschine. Man kann damit außerdem sämtliche Kanten der Bretter abrunden.

Die Ecken der Böden sägt man rund ab und versäubert sie anschließend mit der Schleifmaschine. Für diese Arbeit genügt ein Gummi-Schleifteller auf der Bohrmaschine, jedoch sollte das Gerät stationär befestigt sein.

Zuerst werden die Seiten mit dem Mittelboden verleimt, danach auch Boden und Deckplatte. Zum Schluß kommen dabei die Aussteifungen auf den Mittelboden und unter die Deckplatte. Dabei nicht mit Leim sparen!

Praktische Möbel nicht nur für die Küche

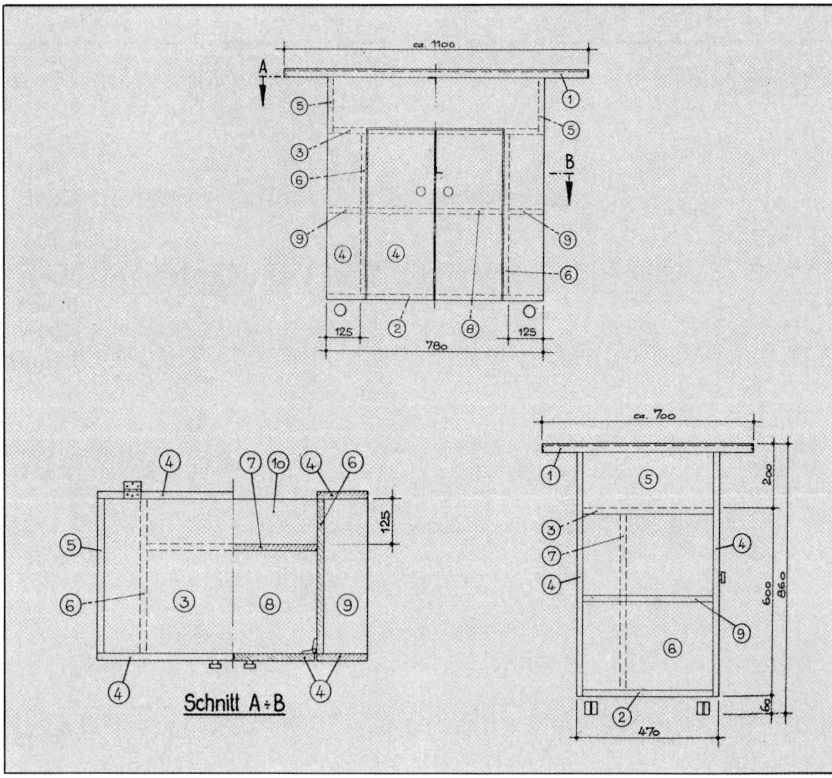

In vielen Küchen mangelt es an Platz, und oft muß auf einen Tisch ganz und gar verzichtet werden, weil er zuviel Platz beansprucht und Schranktüren blockiert. Trotzdem ist und bleibt der freistehende Tisch der beliebteste Arbeitsplatz in der Küche. Auch in einer relativ kleinen Küche muß man auf ihn aber nicht verzichten, wenn man anstelle eines konventionellen Tisches eine mobile Arbeitsplattform schafft, die zudem den Vorteil hat, unterhalb der Platte reichlich Stauraum für alles zu bieten, was man in der Küche benötigt. An der Seite kann man dann noch Messer usw. an einer Magnetleiste aufhängen.

Ein solches Möbel kann man für relativ wenig Geld selbst bauen, wie unser Beispiel zeigt. Der patente Rollcontainer ist durch vier blockierbare Rollen mobil und hat eine ideale Arbeitshöhe von 86 Zentimetern. Unter seiner aufklappbaren, gefliesten Platte ist Raum für nur gelegentlich benötigte Küchengeräte wie Tischgrill oder Waffeleisen, die anderswo zuviel Platz wegnehmen. Aber nicht nur in der Küche macht sich dieses praktische Möbelstück gut, auch auf der Terrasse, im Garten oder in der Kellerbar ist es gut zu gebrauchen.

Als Material dient grundierfolienbeschichtete Spanplatte (19 Millimeter stark), die sich später gut lackieren läßt. Die Einzelteile werden mit der Handkreissäge zugeschnitten, wobei man die Schnittbreite des Sägeblattes berücksichtigen muß. Wenn bei großen Teilen der Parallelanschlag nicht ausreicht, nimmt man eine gerade Leiste, die mit Zwingen auf der Platte befestigt wird.

Der Korpus unseres Rollcontainers wird mit Ponal-Lackleim zusammengebaut. Zum Fixieren der Teile kann man zusätzlich Spanplattenschrauben verwenden, man muß dann aber die Köpfe sorgfältig versenken und später überspachteln. Die Verwendung von Lackleim sorgt für eine gute Haftung auf der grundierfolienbeschichteten Plattenoberfläche. Wer will, kann auch die Einzelteile miteinander verdübeln, wobei Buchen-Riffeldübel von acht Millimeter Durchmesser zum Einsatz kommen. Um deckungsgleiche Bohrungen zu erzielen, bedient man sich entweder einer Bohrlehre oder einer selbstgefertigten Bohrschablone in Form einer entsprechend vorgebohrten Leiste, die in Bohrposition auf die Plattenzuschnitte oder deren Stirnkanten gespannt wird. Zur Aufnahme der Topfbänder müssen die Schranktüren maßgenau mit entsprechenden Aussparungen versehen werden. Dies gelingt am besten mit einer in einen Fräsbohrständer eingespannten Bohrmaschine, die so einen exakten Anschlag der Scharniere sichert. Wenn der Korpus zusammengebaut ist, werden alle Schnittkanten mit Glasurit-Universalspachtel glattgespachtelt.

Nach gründlichem Entstauben kann der Korpus unseres Rollencontainers vorgestrichen werden. Wir verwendeten hierzu

Materialliste

Pos.	Anz.	Bezeichnung	Maße in mm	Material
1	1	Arbeitsplatte	1100 x 700	Tischlerplatte 19 mm
2	1	Bodenplatte	780 x 432	Spanplatte 19 mm
3	1	Zwischenboden	742 x 432	
4	2	Seitenteile	780 x 781	
5	2	Stirnseiten	432 x 200	
6	2	Zwischenwände	562 x 432	
7	1	Zwischenwand	562 x 492	
8	1	Zwischenboden	492 x 288	
9	2	Zwischenböden	432 x 125	
10	1	Zwischenboden	492 x 125	

2 Scharniere 50 x 20; 2 Möbelknöpfe; 4 Topfscharniere für innenliegende Türen; 4 Möbelrollen (Bauhöhe 60 mm, feststellbar); Spanplattenschrauben; Holzleim; Spachtelfarbe; ca. 4 m Rahmenleisten für die Tischplatte (mindestens 25 mm breit); Mosaikfliesen 50 x 50 mm, Abriebgruppe IV.

eine Mischung aus Glasurit EA Hochglanzlack und Additiv VKF, die einen idealen Lackiergrund ergibt, weil Vorstrich und Schlußlack im gleichen Ton ausfallen und so eine sehr gute Deckung erreicht wird. Die Struktur dieses Möbels läßt sich durch eine zweifarbige Lackierung effektvoll betonen, weil man gut die Farben der Kücheneinrichtung aufnehmen kann. Wir wählten für den Korpus ein brillantes Weiß und für die Staufächer ein lichtes Grau. Beschläge, Bordbegrenzungen und Haken wurden in einem leuchtenden Rot akzentuiert. Für randscharfe Farbabgrenzungen sorgt dabei schwach gekreppter Tesakrepp.

Als Tischplatte dient am besten eine solide Tischlerplatte. Man kann auch grundierfolienbeschichtete Spanplatte verwenden, muß aber dabei darauf achten, daß sich diese nicht später beim einseitigen Verfliesen verzieht. Dies kann man verhindern, indem man eine umlaufende Randeinfassung aus einer stabilen, an der Oberkante abgerundeten Massivholzleiste anbringt, die die Oberkante um Fliesenstärke überragt, aber auch über die Unterkante der Platte etwa 10 Millimeter übersteht. So ergibt sich ein verwindungssteifes Randprofil. Besonders dekorativ wirkt diese Randeinfassung, wenn man Harthölzer dafür verwendet und den Rand nur lasiert; man kann sie aber auch, wie in unserem Beispiel, weiß lackieren. Verwendet man Tischlerplatte, so muß diese vor dem Verfliesen grundiert wer-

Beim Zuschneiden der Korpusteile aus 19 mm starker, grundierfolienbeschichteter Spanplatte dient eine mit Zwingen auf die Platte gespannte gerade Leiste als Führung für die Handkreissäge, wenn der Parallelanschlag nicht ausreicht.

Die in den Fräsbohrständer gespannte Bohrmaschine sorgt für präzise Aufnahmen, die mit einem großen Zentrumbohrer in die Rückseite der Schranktüren gebohrt werden. In ihnen werden später die Topfbänder befestigt.

den. Hierzu eignen sich zum Beispiel Glasurit-Schnellgrund, Glassomax-Holzschutzgrund oder Lugato Fester Grund. Nach ausgiebigem Trocknen der Grundierung wird mit einem Zahnspachtel Saxit F gleichmäßig aufgezogen, worauf das weiße, glasierte Mittelmosaik 5 x 5 cm von Villeroy & Boch aufgeklebt wird. Dabei ist die rückwärtige Netzklebung recht praktisch, denn sie sichert ein ebenmäßiges Fugenbild. Die Fliesen entsprechen der Abriebgruppe IV und sind somit den Beanspruchungen einer Arbeitsplatte gewachsen. Verfugt wird am besten mit Randamit Fugengrau, weil graue Fugen auf einer Arbeitsplatte unempfindlicher gegen Fleckbildner sind. Das Material wird mit Wasser zu einem schlanken Brei angerührt und mit dem Fugengummi in die Fugen eingerakelt. Nach dem Anziehen wird die Oberfläche mit einem nicht zu nassen Schwamm gereinigt und später mit einem trocknen weichen Tuch nachgerieben.

Nach Grundieren und Lackieren der Randeinfassung (Fliesen mit Tesakrepp abdecken!) wird die Platte mit Scharnieren am Korpus befestigt. Schließlich werden noch die Griffknöpfe und die rot lackierten, als Fachbegrenzung dienenden Messingrohre eingesetzt. Dann kann der mit vier blockierbaren Rädern versehene Rollcontainer in der Küche oder auf der Terrasse eingesetzt werden.

Beim Zusammenbau des Korpus ist Ponal-Lackleim ideal, der auch auf der grundierfolienbeschichteten Oberfläche der Platten für eine sichere Haftung sorgt. Wenn man zusätzlich 8-mm-Riffeldübel verwendet, erhöht sich die Festigkeit.

Mit sorgfältig zu versenkenden Spanplattenschrauben werden die Korpusteile fixiert. Eine elektronisch regelbare Bohrmaschine leistet beim Einziehen der Schrauben gute Dienste.

Nach Montage des Korpus müssen alle Schnittkanten sauber glattgespachtelt werden. Glasurit-Universalspachtel hat sich dabei bewährt, denn er trocknet schnell und läßt sich gut schleifen.

Unser Rollcontainer gewinnt durch eine zweifarbige Lackierung. Wir wählten ein brillantes Weiß und ein lichtes Grau als Farben, in denen die offenen Staufächer wie auch die Innenteile des Schrankkorpus gestrichen wurden.

Für eine pflegeleichte Arbeitsfläche sorgt mit Saxit F aufgeklebtes Mittelmosaik aus glasiertem Steinzeug. Es wird in rückseitig netzgeklebten Matten geliefert. Für Arbeitsplatten sollte man Material der Abriebgruppe IV verwenden.

Wenn der Kleber abgebunden hat, wird die Platte verfugt. Hierzu dient am besten fleckunempfindliches Fugengrau, das als schlanker Brei in die Fugen eingerakelt wird. Nach dem Anziehen wird die Oberfläche diagonal wischend gereinigt.

An die Decke gehängt

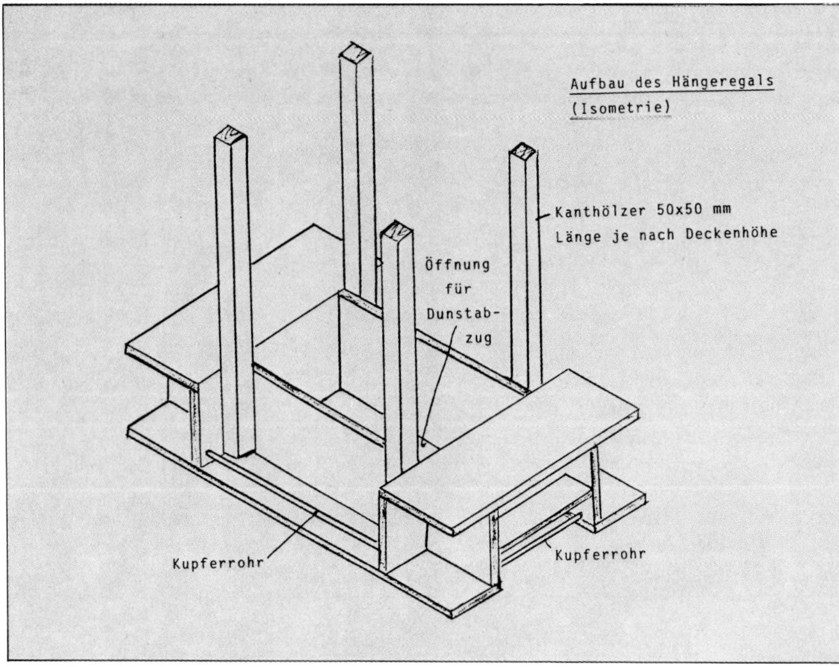

Für einen geschickten Heimwerker dürfte der Nachbau unseres Hängeregals kein Problem darstellen. Es verbindet platzsparende Staumöglichkeiten für alle Kochutensilien mit einem Dunstabzug und einer Beleuchtung des Kochfeldes. Als Material dient am besten grundierfolienbeschichtete Spanplatte. Sämtliche für den Bau benötigten Werkzeuge dürften sich ebenfalls in einer gut bestückten Heimwerker-Werkstatt finden.

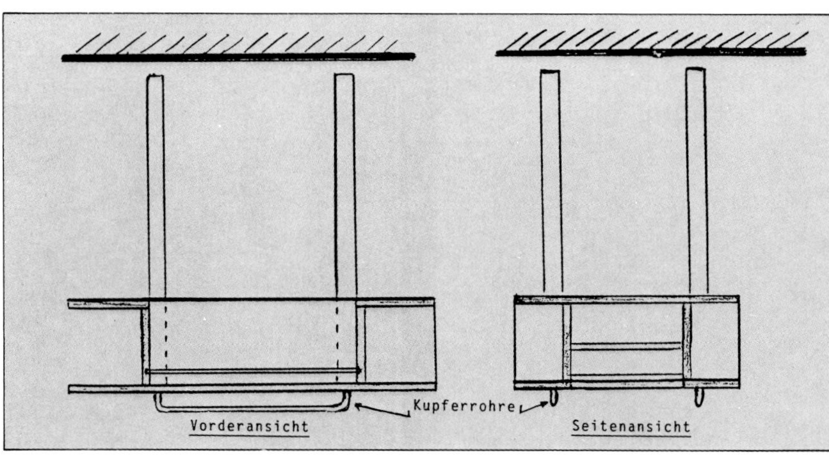

Profiköchen kann man einiges abschauen, nicht nur, was das Kochen selbst angeht. Die professionellen Jünger Lukulls haben zugleich eine Ader für rationelles Arbeiten und eine entsprechende Kücheneinrichtung. So hängen sie beispielsweise alles, was sie am Herd benötigen, gerne über der Kochstelle auf. Unser Selbstbau-Vorschlag nimmt diese clevere Idee auf und bereichert sie noch um einen Dunstabzug, der nicht nur in kleinen Küchen, sondern vor allem bei der Herstellung mancher geruchsintensiver Gerichte wie Fisch oder Kohl vonnöten ist. Der Selbstbau eines solchen Hängeregals über dem Herd ist nicht schwierig. Als Material dient am besten grundierfolienbeschichtete Spanplatte.

Zunächst wird die Grundplatte aus 16 Millimeter starkem Material zugeschnitten. Mit einer elektronisch regelbaren Pendelhub-Stichsäge gelingt das Ausschneiden der seitlichen Aussparungen wie auch des Mittelausschnittes sauber und kantengenau. Zur Aufnahme von zwei Niedervolt-Halogen-Strahlern, die für gute Sicht an der Kochstelle sorgen, werden anschließend mit dem Lochsägen-Set zwei kreisrunde Löcher entsprechend dem Durchmesser des Leuchtengehäuses eingebracht. Die Verbindung der Gehäuseteile unseres Hängeregals erfolgt mit Buchen-Riffeldübeln und Technicoll-Hobby-Holzleim. Für deckungsgleiche Dübelbohrungen sorgt der praktische Markier-Fix von Lux, der, auf eine gerade Leiste oder eine Wasserwaage gespannt, die exakte Bohrposition problemlos und exakt übertragen hilft. Beim genau lotrechten Bohren ist ein Bohrständer eine zuverlässige Hilfe, die auch einem Verlaufen des Bohrloches entgegenwirkt. Wenn alle Einzelteile ausgeschnitten und gebohrt sind, werden sie zunächst probeweise zusammengesteckt, bevor wir Technicoll-Holzleim an die Dübel und Verbindungsflächen geben. Die Teile werden dann mit einigen Hammerschlägen fugenschlüssig zusammengeklopft. Es empfiehlt sich, hierbei ein Beilageholz zu verwenden, um Kantenbeschädigungen auszuschließen. Wenn alles perfekt sitzt, werden die Leimungen mit Zwingen zusammengespannt.

Zum Aufhängen von Löffeln, Kellen und Sieben dienen zehn Millimeter dicke Kupferrohre, die, mit Sand gefüllt, gebogen werden. Um sie an dem Hängeregal zu befestigen, setzten wir Fischer Messingpatronen in die leicht aufgeweiteten Rohrenden, führten diese in leicht aufgeriebene 10-Millimeter-Montagebohrungen in der Grundplatte, um sie anschließend von der Oberseite mit einer M6-Gewindeschraube und Beilagscheibe

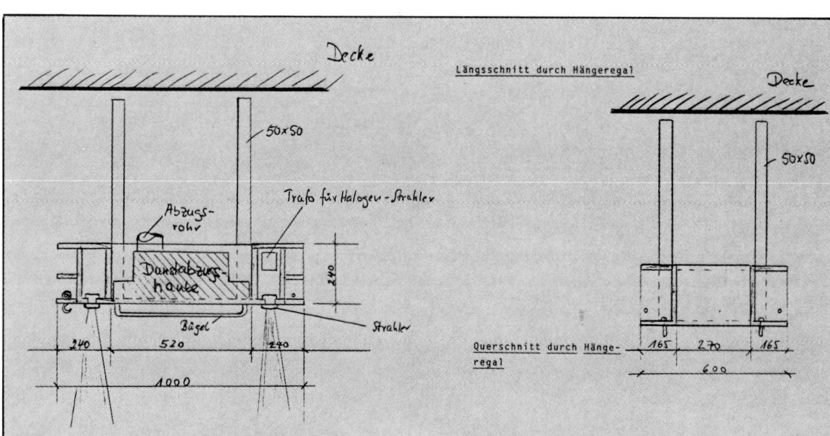

festzuschrauben. Dabei ist ein Ratschensatz bei der etwas schwierigen Schraubposition hilfreich.
Zur Aufhängung an der Küchendecke dienen 5 x 5 Zentimeter starke Vierkanthölzer, die mit der Plattform verschraubt und verleimt werden. Zur unsichtbaren Befestigung an der Decke werden sie mit der Oberfräse etwa vier Zentimeter tief geschlitzt. In diese Schlitze werden später in der Küchendecke verankerte Ösenschrauben versenkt, die es komplett mit passenden Dübeln von Fischer als SB-Packung SB 8/8 im Handel gibt. Ein durch eine Querbohrung im oberen Bereich der Holme gesteckter Stift oder eine lange M6-Gewindeschraube mit Mutter sorgt für die Verbindung von Ösenschraube und Holm. Unterschiedlich tiefes Einschrauben der Ösenschraube erlaubt eine exakte horizontale Ausrichtung.
Nach dem kompletten Zusammenbau wird das Hängeregal mit Capacryl-Holzgrund grundiert und anschließend passend zur Küche – in unserem Falle weiß – lackiert. Auch hier ist umweltfreundlicher Capacryl-Lack ideal.
Die interessante Skulptur unseres Hängeregals kommt durch Akzentfarben zur Geltung. Um hierbei saubere Farbabgrenzungen zu erzielen, werden die unterschiedlichen Farbfelder und Kanten mit schwach gekrepptem Tesakrepp kantengerade abgeklebt und anschließend mit Capacyl farbig lackiert. Auch die Rohrgehänge erhalten einen farbigen Kontrastanstrich.
Zur Montage der Fischer Blattösen-

Mit der Stichsäge werden die seitlichen Aussparungen wie auch der Mittelausschnitt sauber und kantengenau aus der 16 Millimeter starken Grundplatte aus grundierfolienbeschichteter Spanplatte geschnitten.

Für die Niedervolt-Halogenstrahler, die den Herd beleuchten, werden kreisrunde Ausschnitte mit dem Lochsägen-Set eingebracht. Der Durchmesser richtet sich dabei nach den verwendeten Strahlern.

schrauben müssen zum guten Schluß nur noch vier 8-Millimeter-Löcher in die Küchendecke gebohrt werden. Für die richtige Bohrtiefe sorgt dabei ein Tiefenanschlag an der Schlagbohrmaschine. Mit einem stabilen, durch die Langlochöse gesteckten Schraubendreher werden nun die Blattösenschrauben in die Dübel gedreht. Dann wird das Regal in Montageposition gebracht und, mit durch Bohrungen in die Holmenden gesteckten M6-Schrauben, sicher befestigt.

In den Mittenausschnitt paßt übrigens eine handelsübliche Dunstabzugshaube, deren Maße entsprechend der Aussparung angepaßt werden müssen. Man kann sich aber auch selbst einen funktionsfähigen Abzug bauen. Wir montierten einen handelsüblichen Lüftermotor in einem passenden Aluminiumrohr, das anschließend mit einem flexiblen Lüftungsrohr verlängert wurde, um einen Abzug ins Freie zu erreichen. Um eine saubere Luftführung zu erreichen, ist es ratsam, im Inneren des Regals Leitflächen aus lackiertem Sperrholz in Form eines Pyramidenstumpfes vorzusehen. Das unverzichtbare Filtervlies wird in diesem Fall von einem grobmaschigen Metallgitter gehalten, das mit vier Schrauben an den Eckpositionen in den Korpus eingelassenen Fischer-Messingpatronen PA 4/M6 angeschraubt und dabei zwischen Gitter und Korpus festgeklemmt wird.

Buchen-Riffeldübel und Holzleim halten die Einzelteile des Regals zusammen. Um eine fugenschlüssige Verbindung zu erhalten, werden die Teile mit leichten Hammerschlägen zusammengeklopft. Dabei immer ein Beilageholz verwenden!

Wenn alles perfekt sitzt, kann man die Konstruktion mit Zwingen zusammenspannen, damit der Holzleim abbinden kann und nichts passiert, wenn man im Eifer des Gefechtes an die Teile stößt.

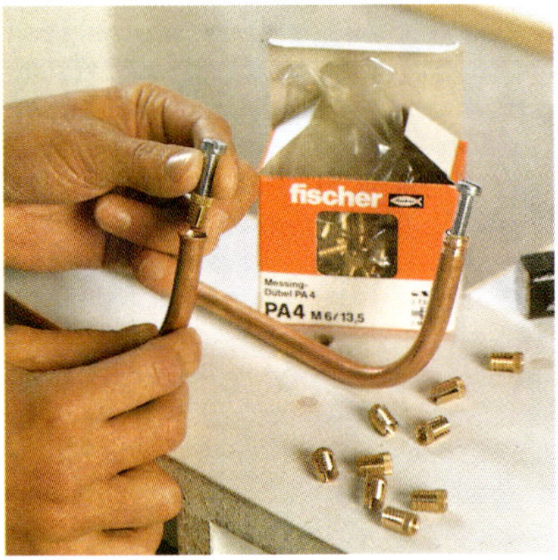

Die Rohre, an denen später die Kellen, Löffel und Siebe hängen, werden erst mit Sand gefüllt gebogen und dann mit Hilfe von Fischer-Messingpatronen und von der Oberseite her mit M6-Gewindeschrauben und Beilagscheiben angeschraubt.

Damit die Ösenschrauben, die das Hängeregal an der Küchendecke halten, später nicht zu sehen sind, werden die mit der Plattform verschraubten und verleimten Vierkanthölzer mit der Oberfräse etwa vier Zentimeter tief geschlitzt.

Akzentfarben geben dem Regal sein prägnantes Gesicht. Damit man saubere Farbabgrenzungen erzielt, werden die unterschiedlichen Farbfelder und Kanten mit schwach gekrepptem Tesakrepp kantengerade abgeklebt.

Auch die Kupferrohre, an denen später die Küchengeräte aufgehängt werden, erhalten einen farbigen Kontrastanstrich. Für alle diese Lackierarbeiten hat sich der umweltfreundliche Capacryl-Lack als ideal herausgestellt.

Giebel mit Profil

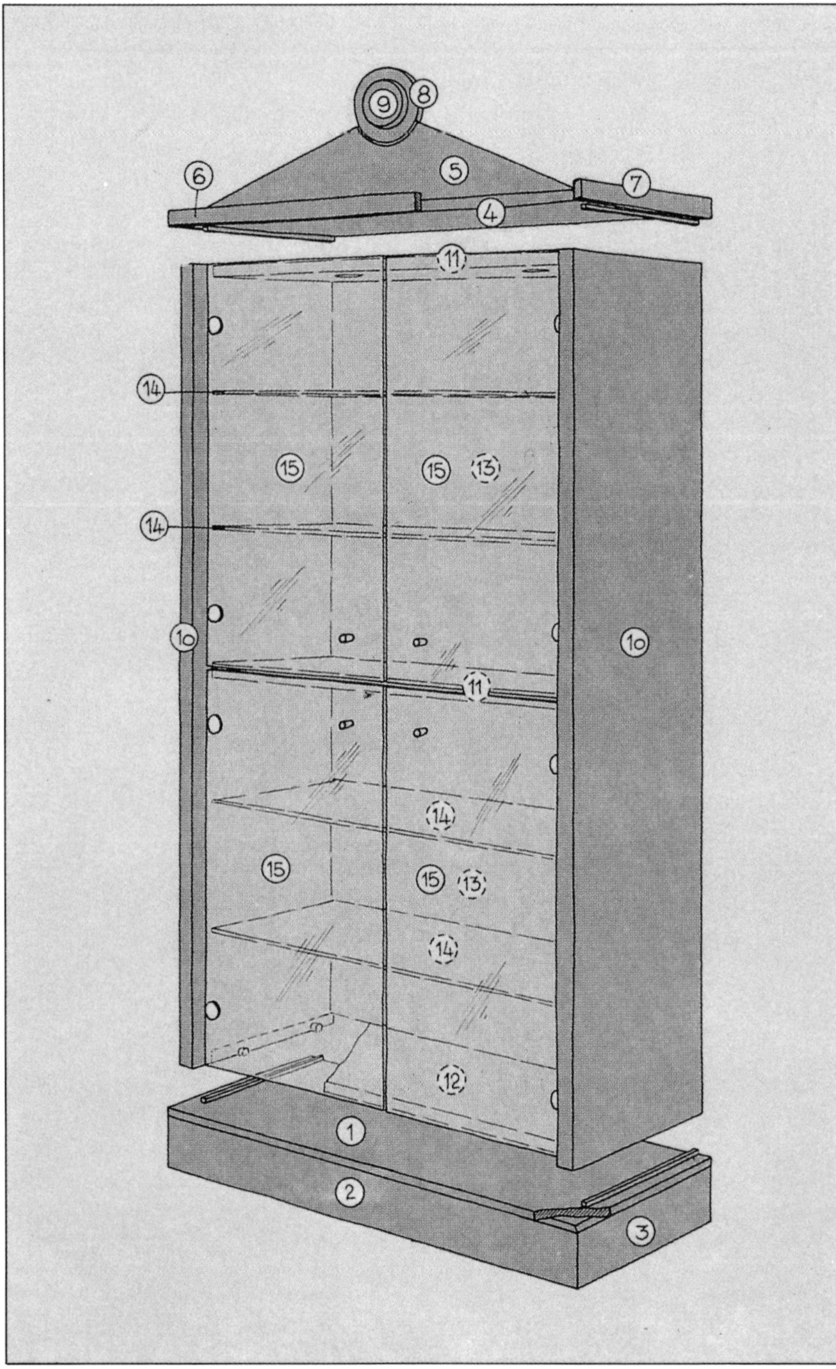
9
8
5
6
7
4
11
14
15
15
13
14
10
10
11
14
15
15
13
14
12
1
2
3

Systemmöbel sind praktisch, aber nicht jedermanns Sache. Wenn man sich jedoch etwas Mühe gibt, kann man sie aufpeppen und ihnen so eine individuelle Note geben. Wir haben einen Schrank von PARADOR auf einen ausgefallenen Sockel gestellt und ihm als Krönung einen Giebel verpaßt. Seine Strukturen erhielt er mittels einer Oberfräse; Ihrer Phantasie sind hier keine Grenze gesetzt.
Für unsere Eigenarbeit benötigten wir nicht viel Material: eine Handvoll Schrauben, ein wenig Leim und Lack sowie eine mitteldichte Faserplatte (MDF), mit der Sie arbeiten können wie mit Massivholz. Die zugeschnittenen Teile werden mit Leim zusammengesetzt und, wo möglich, verschraubt. Kanten und Schraublöcher sorgfältig spachteln und schleifen, damit die Grundierung nicht restlos aufgesaugt wird. Die Stollen finden an auf die Wand gedübelten Leisten Halt, alle weiteren Schritte ergeben sich, wie das bei Systemmöbeln so ist, eigentlich ganz von selbst. Die Kabel für die Beleuchtung laufen verdeckt in Hohlräumen auf der Rückseite des Schrankes zum Trafo, den wir im Sockel versteckt haben. Die Löcher, in die Halogenstrahler eingesetzt werden, sind werkseitig vorgefertigt. Die serienmäßigen Scharniere für die Glastüren haben wir aus optischen Gründen weiß lackiert.

Materialliste

Pos.	Anz.	Bezeichnung	Maße in mm	Material
1	1	Bodenplatte	1115 x 350	
2	1	Frontblende	1115 x 100	
3	2	Seitenblenden	350 x 100	
4	1	Kopfplatte	1077 x 331	
5	1	Dreieck-Aufsatz	1075 x 280	MDF, 19 mm dick
6	1	Längsleiste	1115 x 35	
7	2	Querleisten	350 x 35	
8	1	Zierscheibe	∅ 160	
9	1	Zierscheibe	∅ 100	
10	2	Regalstollen	1643 x 333	PARADOR-Typ PPR 3
11	2	Konstruktionsböden mit Halogenlicht	995 x 303	KBL
12	1	Konstruktionsboden	995 x 303	KB
13	2	Rückwände	771 x 995	
14	4	Glasböden	995 x 286	
15	4	Glastüren	793 x 493	

Als Zusatz möglich: 2 Kristallspiegel, 4 mm dick, 769 x 993 mm; 2 Wandleisten, 1600 mm lang; 4 Befestigungsleisten, 300 mm lang (alle sechs von PARADOR); selbstschneidende Schrauben; Holzleim.

Sämtliche notwendigen Löcher sind bei den Systemmöbeln von PARADOR bereits werkseitig vorgebohrt, so wie hier die Bohrungen für die Buchsen; in die große Öffnung hinten paßt ein Halogen-Strahler.

Die Stollen schiebt man auf an die Wand gedübelte beziehungsweise auf den Sockel geschraubte Leisten, die den Seitenwänden des Schrankes Halt geben. Die Kabel verlaufen in Hohlräumen auf der Rückseite der Stollen.

Den Kanten des Aufsatzes kann man mit der Oberfräse ein Profil nach eigenem Geschmack geben. MDF-Platten lassen sich bearbeiten wie Vollholz, daher müssen auch Schraub- oder Nagellöcher vorgebohrt werden.

Der selbstgefertigte Aufsatz wird auf dem Schrank befestigt, wenn die übrigen Teile zusammengebaut sind. Er wird auf dem Oberboden mit Leim oder Leisten fixiert und gibt dem ganzen Möbel sein individuelles Aussehen.

Edle Prismen

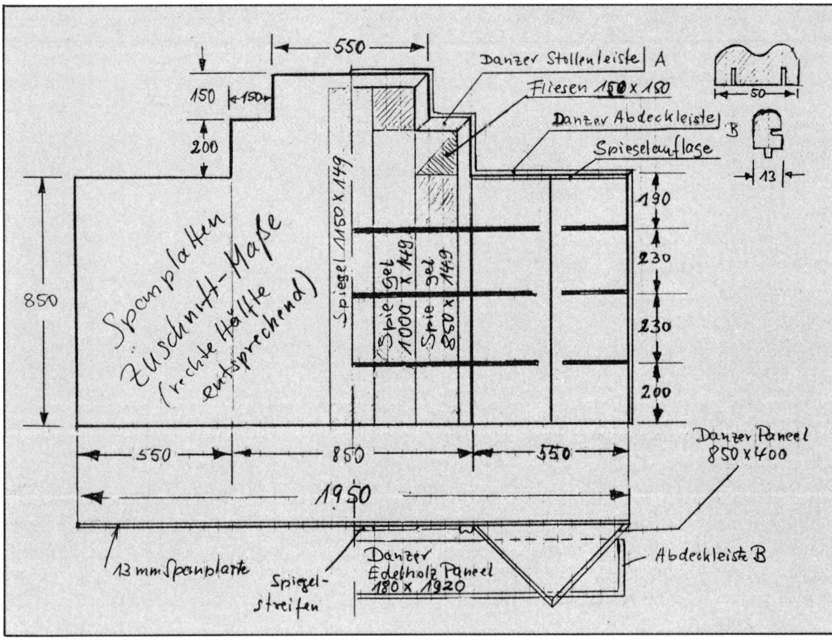

Das Angebot an Regalen ist zwar oft in den Möbelhäusern riesig, trotzdem findet so mancher nicht das Regal, das genau seinen Vorstellungen entspricht. Der eine sucht etwas ganz Besonderes, der andere ein Regal nach Maß, das exakt in eine bestimmte Ecke passen soll.

Beide Wünsche erfüllt unser Prismenregal aus Edelholz-Paneelen, das sich mit seinem eleganten Äußeren sicherlich vom Alltäglichen unterscheidet und das sich als Eigenbau auch den individuellen Maßwünschen anpassen läßt.

Die Basis des Regals bildet eine 13 Millimeter dicke Spanplatte, die mit der Handkreissäge oder mit einer Stichsäge nach Zeichnung treppenförmig abgestuft wird. Dabei ist auf exakte Winkligkeit der Schnitte zu achten, da die Abstufung später mit Danzer-Abdeckleisten eingefaßt wird. Diese werden entweder nach Abtrennen der angefrästen Feder stumpf mit Ponal-Expreß angeleimt und an den Ecken auf Gehrung geschnitten oder mit verbliebener Feder in eine mittige Nut in der Spanplatte eingeleimt.

Die dekorativen Prismen, durch die die Regalböden geschoben werden, bestehen aus 13 Millimeter dicken Danzer-Edelholzpaneelen. Diese werden beidseitig im Winkel von 45 Grad geschnitten. Um ein Ausreißen des bereits fertig oberflächenbearbeiteten Furniers zu vermeiden, sollte man ein feinschnittiges scharfes Sägeblatt verwenden und zusätzlich die Furnier-Oberseite mit einem breiten Streifen Tesa-pack überkleben, der gut angerieben und beim Zuschnitt vom Sägeblatt mit durchtrennt wird.

Zum Durchstecken der Regalböden, die aus dem gleichen Material bestehen, müssen die Prismenseiten deckungsgleich mit Schlitzen versehen werden. Diese werden präzise angezeichnet und sollten zum einfacheren Durchschieben der Böden in der Höhe knapp einen Millimeter Luft aufweisen. Die Schlitze enden jeweils drei Zentimeter vor den Seitenkanten der Prismenteile. Zum exakten Aussägen bohrt man an beiden Enden eines jeden Schlitzes je ein 13-Millimeter-Loch. Mit einem feinschnittigen Stichsägeblatt wird dann der Schlitz ausgesägt.

Nach dem Zuschnitt werden die Schnittkanten leicht mit Schleifpapier gebrochen, worauf die Prismenseiten unter Zugabe von Ponalexpreß zusammengebaut werden können. Für sicheren Halt sorgen Leistenabschnitte, die mit Spanplattenschrauben ebenfalls unter Leimzugabe von der Rückseite gegen die Prismenseiten geschraubt werden.

Oben und unten wird je ein Dreiecks-Zuschnitt als Abschluß eingeleimt. Während alle sichtbaren Schnittkanten der Rückenplatte mit Abdeckleisten versehen wurden, wird die nach der Montage der Prismen verbleibende Rückwandfläche mit Danzer-Stollenleisten eingefaßt. Einige von hinten eingezogene Spanplattenschrauben sorgen für eine sichere Fixierung.

Abdeck- und Stollenleisten gibt es passend zur Furnierart oder aus unlackiertem Raminholz. Wir wählten letzteres und lackierten die Leisten in raffinierten Akzentfarben, die in den Fliesen wiederkehren. Die entsprechenden Farbtöne kann man sich nach dem Capamix-Verfahren zusammenmischen lassen.

Zur Verschönerung werden nun die Fliesen angebracht; die noch freie Fläche wird mit Spiegelfliesen beklebt, die man sich vom Glaser zuschneiden läßt. Nach der Montage der Spiegel können die Regalböden eingesetzt werden; dazu legt man das Regal am besten auf den Rücken. Zuletzt werden die Spanplattendreiecke auf der Oberseite der Prismen mit dreieckigen Spiegel-Zuschnitten verkleidet.

Materialliste

Pos.	Anz.	Bezeichnung	Maße in mm	Material
1 2	3 4	Edelholzpaneele Zuschnitte	200 x 1950 400 x 850*	Danzer Edelholzpaneele
3	1	Spanplatte	2000 x 1200	Spanplatte 13 mm dick
4 5		Stollenleisten Abdeckleiste	ca. 3,5 m ca. 10 m	Danzer/Ramin

4 Steingutfliesen „Connection" 15 x 15 cm, Villeroy & Boch; 1 Spiegelzuschnitt 1150 x 149 mm; 2 Spiegelzuschnitte 1000 x 149 mm; 2 Spiegelzuschnitte 850 x 149 mm; 2 Spiegelzuschnitte, rechtwinklige Dreiecke mit 40 cm Kantenlänge an den kürzeren Seiten; ca. 15 m Tesafix-Montageband; Capacryl-Lack; ca. 20 SPAX-Schrauben 3,5 x 40 mm; Ponalexpress; 1 Vierkantleiste 30 x 30 mm, ca. 1 m lang.

* An den Längskanten auf Gehrung geschnitten.

Die fertigen Prismen werden mit durchgesteckten Leisten und Zwingen fixiert und von der Rückseite mit Spanplattenschrauben gegen die Rückwand gezogen. Zusätzlich werden die Auflagen mit Ponal-expreß eingestrichen.

Die Fliesen der Serie Connection von Villeroy & Boch geben dem Regal seinen besonderen Pfiff. Sie werden mit der Pattex-Schmelzkleberpistole auf der Spanplatten-Rückwand aufgeklebt.

Die Spiegel, die vom Glaser zugeschnitten und deren Kanten nach Möglichkeit geschliffen wurden, werden mit Tesafix-Montagebändern befestigt. Diese werden auf der entstaubten Spanplatte aufgeklebt und angerieben.

Die Regalböden bestehen ebenfalls aus Danzer-Edelholz-Paneelen, deren Schnittkanten mit lackierten Abdeckleisten eingefaßt wurden. Um sie in die Ausschnitte zu schieben, legt man das Regal am besten auf den Rücken.

Patente Schienen

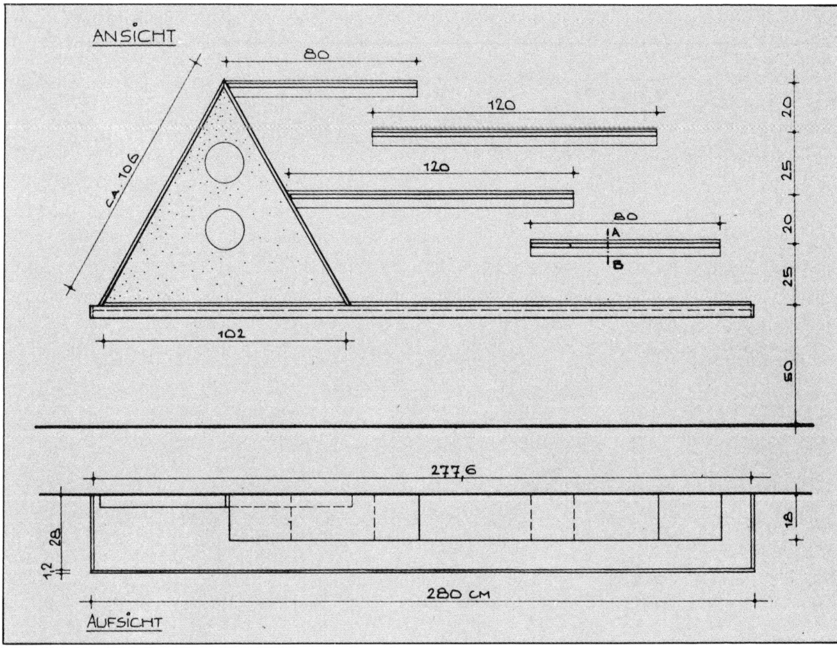

Seit es möglich ist, Regalbretter direkt an der Wand zu befestigen, sind die seitlichen, meist dreieckigen Stützbretter mehr oder weniger überflüssig geworden. Dies hat den Vorteil, daß sich nun auch sonst „tote Räume" noch mit zusätzlichen Ablageflächen ausstatten lassen – zum Beispiel die Wandfläche über der Tür, Eckbereiche in Flur, Küche und Badezimmer sowie kleine Wandstellflächen, wie sie beispielsweise oft neben Heizkörpern verbleiben.

Genausogut lassen sich aber die patentierten Deltac-Befestigungsschienen zum individuellen Gestalten ganzer Regalwände einsetzen, die der Wohnung nach Maß angepaßt werden können. Dies gilt auch für die Farbgebung, weil sich sowohl die Befestigungsschienen selbst als auch die einzelnen Borde in den jeweils gewünschten Farbtönen und Glanzgraden lackieren lassen. Wer möchte, kann die selbstgebauten Regale zusätzlich durch einen mit dem Wandton harmonierenden Farbakzent ins Blickfeld rücken, der als Hintergrund dient und vor dem eigentlichen Anbringen der selbstgeplanten Möblierung auf der Wandfläche angezeichnet, abgeklebt und im gewünschten Farbton gestrichen wird. Hier ist es dann auch möglich, einen anderen Glanzgrad zu verwenden, so daß der Kontrast zwischen Wand und Regalfläche noch deutlicher zur Geltung kommt.

Die Bauweise in freischwebenden Wandsteckborden fügt sich mit ihrer klaren, sachlichen Optik in jeden Wohnstil ein. Sie ermöglicht dementsprechend praktische und funktionelle Lösungen überall dort, wo zusätzliche Stellflächen gebraucht werden.

Hinzu kommt, daß die Tragfähigkeit der frei schwebenden Regalbretter relativ hoch ist, weil diese mit einer Kante auf ganzer Länge befestigt sind, so daß sich zusätzliche Abstützungen erübrigen. Garantiert wird eine Belastungsfähigkeit von 25 Kilogramm laufenden Meters des Regalbrettes, wenn dieses maximal 40 Zentimeter breit und 19 Millimeter dick ist. Die einzelnen Borde werden durch Klemmdruck in den Deltac-Schienen festgehalten, die es in vier Farbtönen weiß, braun, rot oder silbermetallic gibt. Sie sind für 16 und 19 Millimeter starke Regalbrett-Zuschnitte in den Längen 80 und 120 Zentimeter jeweils mit Profilabschlußkappen und Befestigungsdübeln im Heimwerker-Fachhandel zu kaufen und lassen sich auf die jeweils benötigte Länge kürzen.

Damit ist es beispielsweise auch möglich, eine zusätzliche Ablage über den Heizkörpern zu schaffen, die dem jeweils benötigten Längenmaß entspricht. Wer möchte, kann die neue Befestigungsidee außerdem zum Anbringen indirekter Beleuchtungen nutzen, oder auch ganze Schrankwände bauen, wenn die sonst offenen Seiten ebenfalls mit passenden Platten-Zuschnitten geschlossen und hieran die Türen befestigt werden. Da sich die einzelnen Borde auch an den seitlichen Ecken abrunden oder abschrägen lassen, können harmonische Übergänge in den Anschlußbereichen zu Türen, Fenstern oder Sitzgruppen erzielt werden.

Als Regalbretter können jeweils individuell gewünschte Zuschnitte aus Span-, Tischler- oder Massivholzplatte eingesetzt werden. Abrundungen oder Abschrägungen sind mit Hilfe von Stichsägen leicht möglich. Zusätzliche Sichtblenden in Form von Leisten können mit Ponal-expreß-Holzleim um die Sägekanten angebracht werden. So ist es möglich beispielsweise dem unteren Boden eine größere Stabilität zu verleihen oder Beleuchtungselemente zu verstecken. Zum Lackieren der Holzwerkstoffe ist umweltfreundlicher Capacryl-Lackgut besonders gut geeignet, weil er sich leicht auftragen läßt, schnell trocknet und nicht spröde wird.

Materialliste

Pos.	Anz.	Bezeichnung	Maße in mm	Material
1	1	untere Platte	2776 x 280	Spanplatte 16 mm dick
2	2	Böden	1200 x 180	
3	2	Böden	800 x 180	
4	1	Plattenumleimer	2800 lang	Fichte 12 x 50 mm
5	2	Plattenumleimer	280 lang	
6	2	Dreiecksbegrenzungen	1060 lang	
7	3	Alu-Boden-Trageprofile	1200 lang	Deltac, Farbton Weiß
8	4	Alu-Boden-Trageprofile	800 lang	

Ponal-Weißleim; Capacryl-Lack im gewünschten Farbton; „Roll-Art"-Musterwalze von Storchwerke; Dekor nach Wahl.

Auf die Kanten der Regalböden kann man breitere Leisten als Umleimer anbringen, die zum Beispiel die unteren Böden optisch stabiler erscheinen lassen. Die Leisten werden mit Ponal-expreß aufgeleimt.

Ein Farbakzent an der Wand unterstützt die Wirkung des Regals als Blickfang. Er wird vor der Befestigung der Schienen angebracht und kann entweder Ton in Ton oder kontrastierend ausgeführt werden.

Die patentierten Deltac-Schienen gibt es in Längen von 80 und 120 Zentimetern. Sie lassen sich aber auch problemlos den individuellen Bedürfnissen anpassen, so daß der Gestaltungsfreude nichts im Wege steht.

Die Borde werden in die Schienen eingeklemmt, was ihnen eine hohe Tragfähigkeit verleiht, weil sich das Gewicht auf die ganze Länge verteilt. Die Schienen gibt es für Brettstärken von 16 und 19 Millimetern.

Eine leuchtende Lösung

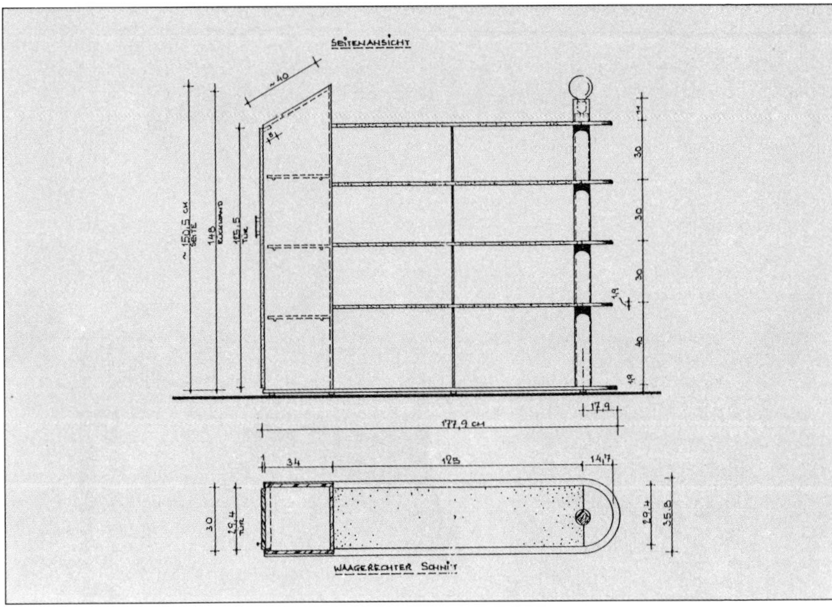

Modern aussehende Regal-Möbel mit viel Stellfläche lassen sich relativ leicht herstellen. Ein attraktives Design kann mit Postforming-Elementen von Hornitex erzielt werden.

Das Schrankfach wird aus zwei Seitenteilen und einer Rückwand stumpf zusammengeleimt. Die Wände bestehen aus 19 mm starken MDF-Masterwoodplatten von Hornitex und können dauerhaft mit lösungsmittelfreiem UHU coll expreß verbunden werden. Durch dessen hohe Haftkraft entfällt das Verschrauben.

Um die moderne Abschrägung zu erhalten, werden die Seiten im Winkel von 30 Grad zugeschnitten, ebenso die Oberkante der Rückwand. Bevor man die Einzelteile verleimt, wird noch die Tür-Verstärkungsleiste aus Fichtenholz an der rechten Schrankwand angesetzt. Anschließend kann man an der Grundplatte die Stirnseite halbkreisförmig zuschneiden. Danach kann man sie mit der Oberfräse abrunden, ebenso wie die Kanten des Schrankfaches und die vier Halbkreise an den Außenkanten. So vorbereitet, lassen sich die Halbkreise an die abgelängten vier Regalböden aus 19 mm starken Postforming-Platten leimen und dübeln.

Danach werden vier 10 x 20 mm starke Fichtenholzleisten unter die Grundplatte geleimt, damit diese nicht plan auf dem Teppichboden aufliegt. Das vormontierte Schrankfach wird auf der MDF-Masterwood-Platte fixiert und von unten verschraubt.

Die Lage der senkrechten Vierkanthölzer wird auf der Grundplatte und den vier Regalböden angezeichnet, daneben ein 8-mm-Loch gebohrt, durch das ein Kabel

geführt werden kann. Dann werden die Vierkanthölzer mit UHU coll spezial auf die Grundplatte geleimt und zusätzlich von unten verschraubt.
In die Ober- und Unterseiten der Postforming-Platten wird je eine 5 mm tiefe Bohrung eingearbeitet, in die die 12 mm starken Alu-Rohr-Stützen kommen. In dieser Bauphase können auch die Schraublöcher für die Regalböden an der Außenseite der Schrank-Rückwand gebohrt werden.
Bevor die Bauteile zusammengesetzt werden, sollte man sie lackieren. Die Lampenfassung sitzt in dem oberen Kunststoffrohr, das mit UHU Alleskleber Kraft befestigt wird.

Materialliste

Pos.	Anz.	Bezeichnung	Maße in mm	Material
1	1	Grundplatte	1779 x 358	MDF-Masterwood 19 mm dick
2	2	Schrankseiten	1505 x 340	
3	1	Schrankrückwand	1480 x 300	
4	1	Schrankdeckel	ca. 400 x 300	
5	1	Deckelverstärkung	50 x 300	
6	4	Halbkreise	294 x 147	
7	1	Seitenverstärkung	1240 lang	Fichte 10 x 20 mm
8	4	Regalböden	1250 x 294	19 mm Hornitex-Postforming-Elemente
9	1	Schranktür	1255 x 294	
10	3	Einlegeböden	300 x 300	Spanplatte weiß beschichtet 13 mm dick
11	1	senkr. Kantholz	381 lang	Fichte 50 x 50 mm
12	3	senkr. Kanthölzer	281 lang	
13	1	senkr. Kantholz	50 lang	
14	4	Fußleisten	300 lang	Fichte 10 x 20 mm
15	1	Kunststoffrohr	380 lang	∅ 75 mm
16	3	Kunststoffrohre	280 lang	
17	1	Kunststoffrohr	110 lang	
18	1	Alu-Rohr-Stütze	390 lang	∅ 12 mm
19	3	Alu-Rohr-Stützen	290 lang	

1 Klavierband 123 cm lang; 1 Magnetschnäpper; 1 Türgriff; 1 Lampenfassung mit Kabel; 1 Schukostecker; 1 Globe-Lampe, ∅ 120 mm; 12 Bodenträger; UHU coll expreß; UHU coll spezial; UHU Alleskleber Kraft; Disbocolor-Sprühlack; umweltschonender Capamix-Acryl-Seidenglanzlack.

Der Schrankkorpus besteht aus Hornitex-MDF-Masterwood-Platten, die sich wie Vollholz bearbeiten lassen. Daher ist es möglich, Unebenheiten mit dem Schwingschleifer zu beseitigen.

Die halbkreisförmigen Platten, die an die Regalböden angesetzt werden, können mit einer Stichsäge exakt ausgesägt werden. Geleimt wird mit dauerhaftem UHU coll expreß.

Alle Holzflächen aus MDF-Masterwood-Holz lassen sich ohne Voranstrich mit wasserhaltigem Capamix-Seidenglanzlack umweltschonend lackieren.

Ein Regalboden nach dem anderen wird auf die Grundplatte aufgesetzt und mit Hilfe senkrechter Stützen befestigt. Das geschlossene Schrankfach bietet sich an, die Hausbar aufzunehmen.

Musik bunt gemischt

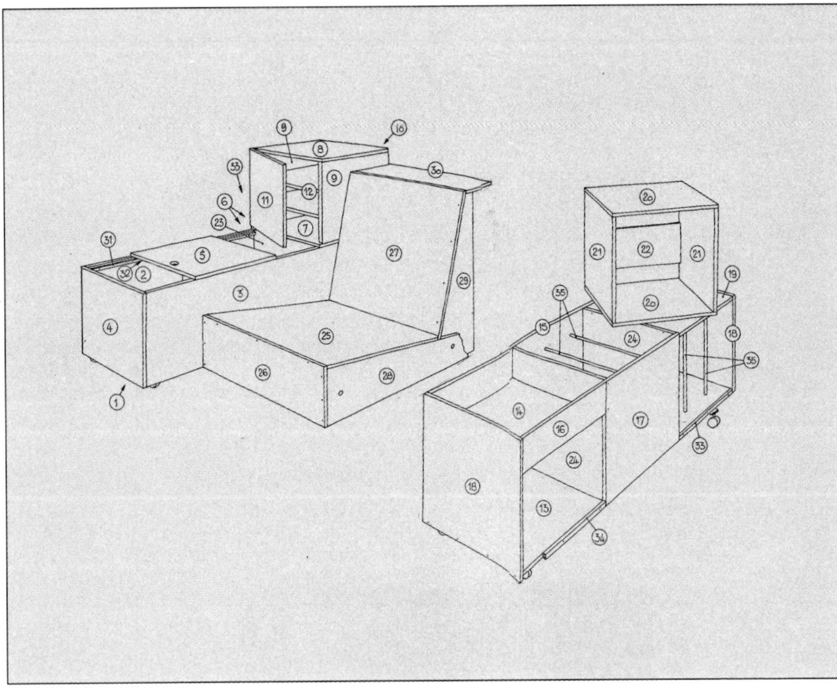

Zum perfekten Musikgenuß gehört mehr als nur eine Handvoll wohlsortierter Töne. Ein bequemer Ruheplatz, Steuerungsmöglichkeit der Stereoanlage in Griffweite, vielleicht ein entspannendes Getränk, da wird Musikhören erst zum Erlebnis. Bei unserem vielseitigen Stereomöbel haben alle diese Komponenten ihren festen Platz. Die Aufteilung des Stauraums können Sie natürlich nach Lust und Laune ändern. Besonders praktisch ist neben den drehbaren Oberschränken die Mobilität des Systems: Dank der Möbelrollen können Sie das Musikregal schnell in einen „HiFi-Thron" für den Feierabend verwandeln. Unsere Zeichnung zeigt, welche Aufteilung wir gewählt haben. Das Seitenteil auf der rechten Seite des Sitzes enthält die Hausbar in zwei nach oben offenen Kästen mit verschiebbarem Deckel, der zugleich Ablage ist. Der Kasten dahinter ist seitlich offen und beherbergt den Lesestoff. Das drehbare Oberteil wird mit einer Schranktür verschlossen. Hier verstauten wir Gläser und Cassetten. Auf der anderen Seite findet der Musikliebhaber vorne den Plattenspieler in Griffweite, darunter ein weiteres Fach für Cassetten oder anderes. Dahinter folgen zwei Blöcke für die Schallplattensammlung, unterteilt durch Dübelstangen, damit sich die wertvollen Scheiben nicht verbiegen. Das drehbare Fach darüber nimmt schließlich die eigentliche Musikanlage auf. Die Rückwand ist nicht ganz geschlossen, einerseits um das Verlegen der nötigen Kabel zu erleichtern, andererseits auch wegen der notwendigen Belüftung der Geräte. Der Sitz in der Mitte schließlich ist auch ohne Seitenlehnen ansehnlich und bequem, wenn Sie ihn mit ausreichend dicken Schaumstoffplatten polstern und mit einem in Stoffmuster und Farbe passenden Bezug versehen.

Materialliste

Pos.	Anz.	Bezeichnung	Maße in mm	Material
1	1	Bodenplatte	1144 x 364	Tischlerplatte 13 mm dick
2	1	Längsseite außen	780 x 390	
3	1	Längsseite innen	1144 x 390	
4	2	Stirnseiten	390 x 390	
5	1	Schiebedeckel	390 x 390	
6	2	Boden/ Deckel	364 x 377	
7	1	Boden	390 x 390	
8	1	Deckel	390 x 377	
9	2	Seitenwände	364 x 377	
10	1	Rückwand	364 x 364	
11	1	Tür	373 x 390	
12	2	Einlegeböden	364 x 350	
13	1	Bodenplatte	1144 x 364	
14	1	Zwischenboden	400 x 364	
15	1	Längsseite innen	1144 x 390	
16	1	Seitenteil	400 x 120	
17	1	Seitenteil	380 x 390	
18	2	Stirnseiten	390 x 390	
19	1	Deckel	364 x 377	
20	2	Boden/ Deckel	390 x 390	
21	2	Seitenwände	364 x 390	
22	1	Rückwand	364 x 220	
23	2	Trennwände	377 x 364	Tischlerplatte 16 mm dick
24	2	Trennwände	377 x 364	
25	1	Sitzplatte	600 x 620	
26	1	Sockelplatte	600 x 280	
27	1	Rückenplatte	600 x 500	
28	2	Seitenteile	780 x 263/ 210	
29	2	Rückenstützen	700 x 180/ 80	
30	1	Ablage	600 x 210	
31	2	Laufleisten	760 lang	Buche 10 x 8 mm
32	2	Laufleisten	370 lang	Buche 15 x 10 mm
33	2	Kantenleisten	364 lang	Fichte/ Tanne 13 x 13 mm
34	1	Kantenleiste	400 lang	
35	12	Dübelstangen	380 lang	Buche Ø 8 mm

Kreuzschlitz-Schnellbauschrauben; 8 Möbelrollen, 50 mm hoch; 4 Schloßschrauben M 8 x 40 mit Flügelmuttern und je 2 Unterlegscheiben; 4 Aluminium-Rohrstücke, 25 mm lang, Innendurchmesser 8 mm; 1 Klavierband, 10 mm breit und 370 mm lang; 1 Magnetschnäpper; Holzleim.

Die Farbauswahl für die Musik- und Ruhemöbel sind Geschmacksache. Erst wird geschliffen und grundiert, danach kann man streichen. Bewährt hat sich hier lösungsmittelfreier wasserlöslicher Capacryl-Lack.

Hier die Hausbar: Für die Schranktür des Oberteils brauchen Sie Klavierband und Magnetschnäpper. Erfahrene Heimwerker können auch ebensogut eine Glastüre einsetzen.

Die Musikseite: Bei dem Schrank für die Stereoanlage sollten Sie auf eine gute Belüftung achten, damit es den Geräten nicht zu warm wird und sie so zerstört werden können.

Den Sitz können Sie mit passend zugeschnittenen Schaumstoffplatten (mit dem Elektromesser geht diese Arbeit leicht) polstern und mit Stoffen überziehen, die in Farbe und Muster den Sitz ergänzen.

Ein Regal mit Zuneigung

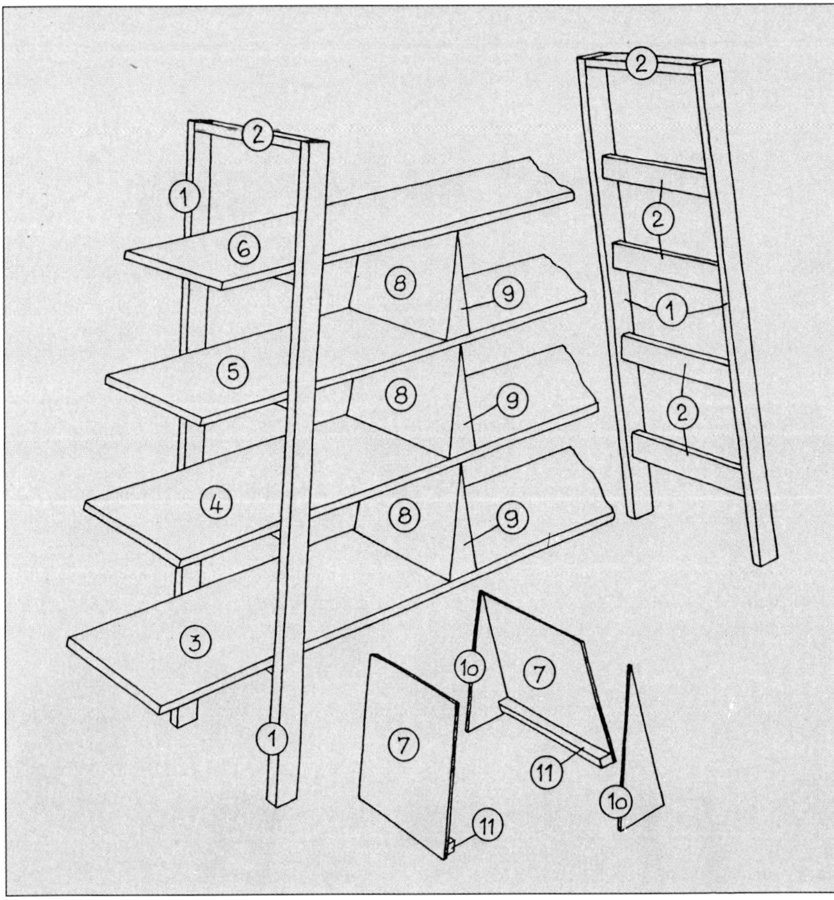

Bis Sie ein Regal gefunden haben, das Ihnen zusagt, müssen Sie unter Umständen viele Kataloge wälzen oder sich durch Ausstellungs-Häuser quälen. Vielleicht können Sie davon ein Lied singen, weil Sie bereits seit längerem suchen, was Ihnen handelsübliche Keller- oder Edelholzregale nicht bieten können: einen unverwechselbaren, farbenfrohen Blickfang. Soll das gute Stück ohnehin später freistehend eine Wand zieren, so wird unser Eigenbau erst recht seine Stärke ausspielen können. Das Regal wirkt durch die Neigung seiner beiden „Sprossenleitern" verblüffend aufgelockert. Die tristen Seitenholme aus den Steckbauprogrammen haben dem wenig entgegenzusetzen. Im Gegenteil: Rankpflanzen oder Farne, die sonst bei Regalstollen zur Tarnung der häßlichen Lochreihen herhalten müssen, können jetzt regelrechte Logenplätze einnehmen. Die über die Sprossen hinausragenden Fachböden empfehlen sich Ihren Grünlilien und Kakteen mit einer „Terrassenanlage".

Für die Stabilität des Regals sorgen Leim-

verbindungen; zusätzliche Sicherheit geben Schraubverbindungen. Wenn Sie die Spanplattenschrauben versenken und verspachteln, werden sie mit dem Anstrich unsichtbar. Das Gegenteil aber macht sich ebensogut: Sie lassen massive Verschraubungen ins Auge fallen, indem Sie pfenniggroße Linsenkopfschrauben eindrehen. In diesem Falle aber müssen Sie natürlich vorbohren, damit der Schlitzkopf aus Messing nicht zu stark strapaziert wird.
Bei dem geringen Materialpreis, den Sie für das Regal ausgeben müssen – er beträgt um die 100 Mark –, stehen Sie sich weit besser als mit Einzelteilen, die sonst im Warenhaus noch aus den Regalen zusammengesucht werden müssen. Freie Hand haben Sie auch bei der Farbgestaltung: Streichen Sie doch einfach so bunt wie möglich.
Die Leitern werden aus 50 x 25 Millimeter starken Fichten- oder Tannenriegeln zusammengebaut. Die Position der Holme markiert man exakt an einem Holz, bevor man sie verleimt und verschraubt. Beim Zusammenbau auf die Winkligkeit achten! Die Fachböden bestehen entweder aus 19 Millimeter starken Spanplatten oder besser noch aus Tischlerplatten, die mehr Festigkeit haben und besser zu verarbeiten sind als Spanplatten, weil die Kanten beim Schneiden nicht so leicht ausreißen.

Materialliste

Pos.	Anz.	Bezeichnung	Maße in mm	Material
1	4	Holme	1400 lang	Fichte/Tanne
2	10	Sprossen	300 lang	50 x 25 mm
3	1	Boden	2500 x 297	
4	1	Boden	2250 x 297	Spanplatte
5	1	Boden	2000 x 297	19 mm dick
6	1	Boden	1750 x 297	
7	2	Keilwände	385 x 290	
8	6	Keilwände	235 x 290	Sperrholz
9	6	Keile	215 x 65	5 mm dick
10	2	Keile	365 x 108	
11	8	Verstärkungen	280 lang	Fichte 20 x 20 mm

Spanplattenschrauben 4,5 x 60; 8,5 m Umleimer; Holzleim.

Um sich die Arbeit zu erleichtern, sollte man die Spanplatten bereits vor dem Verarbeiten anschleifen. So fällt der Anstrich nach dem Zusammenbau erheblich leichter.

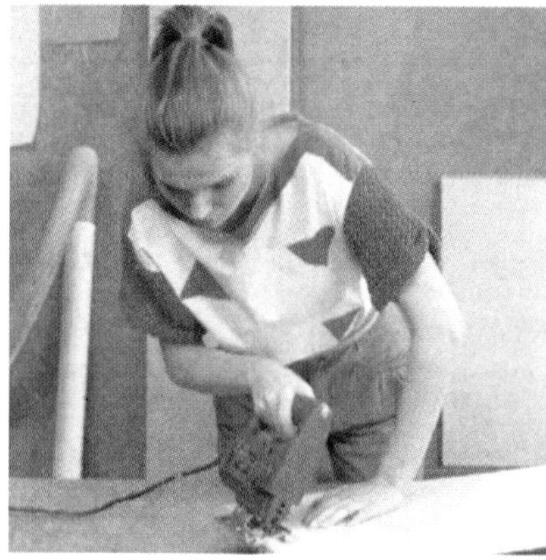

Eine Handkreissäge oder Stichsäge, deren Schuh man verstellen kann, ist heute in praktisch jedem Heimwerkerhaushalt vorhanden. Damit ist es möglich, die Abschrägungen mit wenig Aufwand herzustellen.

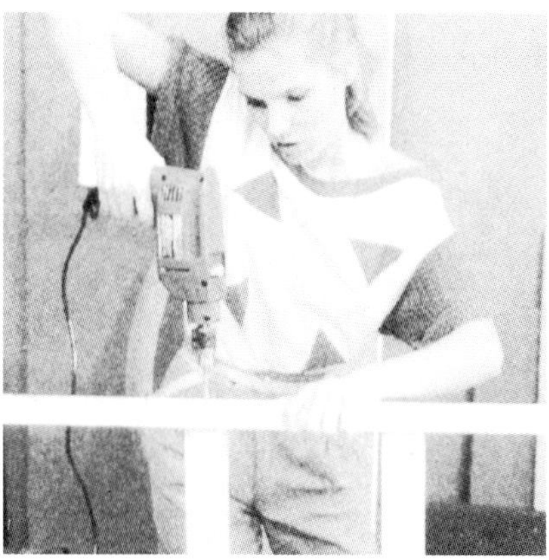

Bei der „Leiter"-Fertigung sollten Sie auf gleichen Zuschnitt und die Winkligkeit der Sprossen achten. Ein elektrischer Schrauber mit Rechts-/Linkslauf erspart viel Kraft.

Die Mittelkeile werden verklebt. Zur Fixierung hat sich dabei Paket-Klebeband bestens bewährt. Nach dem Trocknen des Leims werden die Keile angepaßt, indem man die Spitze anschleift und anleimt.

Nichts für Pedanten

Nichts für Pedanten ist unser Bauvorschlag für dieses Regal, das aus der Rolle fällt. Dabei ist es aber nur eine Idee von vielen, wie ein Regal nach Sprossenwand- und Paravent-Prinzip aussehen könnte. Zwei Wege führen zum fertigen Möbel: Einmal können Sie die nötigen Elemente (Deco Pin „Modell Japé" von 1001 Lüghausen) fertig kaufen. Jedes Element hat die Maße von 192 x 62 Zentimetern. Es sieht aus wie das Mittelstück unseres Regals. Bei den beiden äußeren Elementen haben wir uns störende Streben exakt angezeichnet, sauber mit der Stichsäge entfernt und die Schnittstellen sehr gründlich mit feinem Schleifpapier geglättet. Doch ob und wie viele Sprossen Sie heraussägen, bleibt natürlich ganz Ihnen selbst überlassen.

Wer jedoch von A bis Z alles selbst machen möchte, kann die Elemente auch selbst bauen. Allerdings bedeutet der Selbstbau aus 20 x 20 mm starken Leisten ein gutes Stück präziser Arbeit. An allen Verbindungsstellen sägt man exakte Aussparungen in ganzer und halber Materialdicke, also 20 mm breit und 10 mm tief. So entstehen ganz stabile Leimverbindungen, bei denen Sie ohne Schrauben oder Nägel auskommen. Die fertigen Elemente haben wir mit je drei 8 cm langen Scharnieren verbunden. Als Regalböden wählten wir 19 mm dicke Spanplatten, bei denen wir die Sägekanten mit Umleimer kaschierten. Länge und Breite der Böden richten sich danach, wie Sie den Regalkorpus aufstellen wollen und wie weit sie über die Elemente hinausragen sollen.

Die einzelnen Elemente werden mit je drei Scharnieren verbunden. Das geht mit „Motorkraft" am schnellsten. Wenn die Elemente verbunden sind, sollte man die Böden erst einmal probeweise einschieben, um die Wirkung zu überprüfen.

Bevor man die Regalböden grundiert und lackiert, werden die Sägekanten mit aufbügelbarem Umleimer kaschiert. Steht die genaue Position der Böden fest, sollte man sie mit den tragenden Querleisten der Elemente verschrauben.

Regal aus Fensterglas

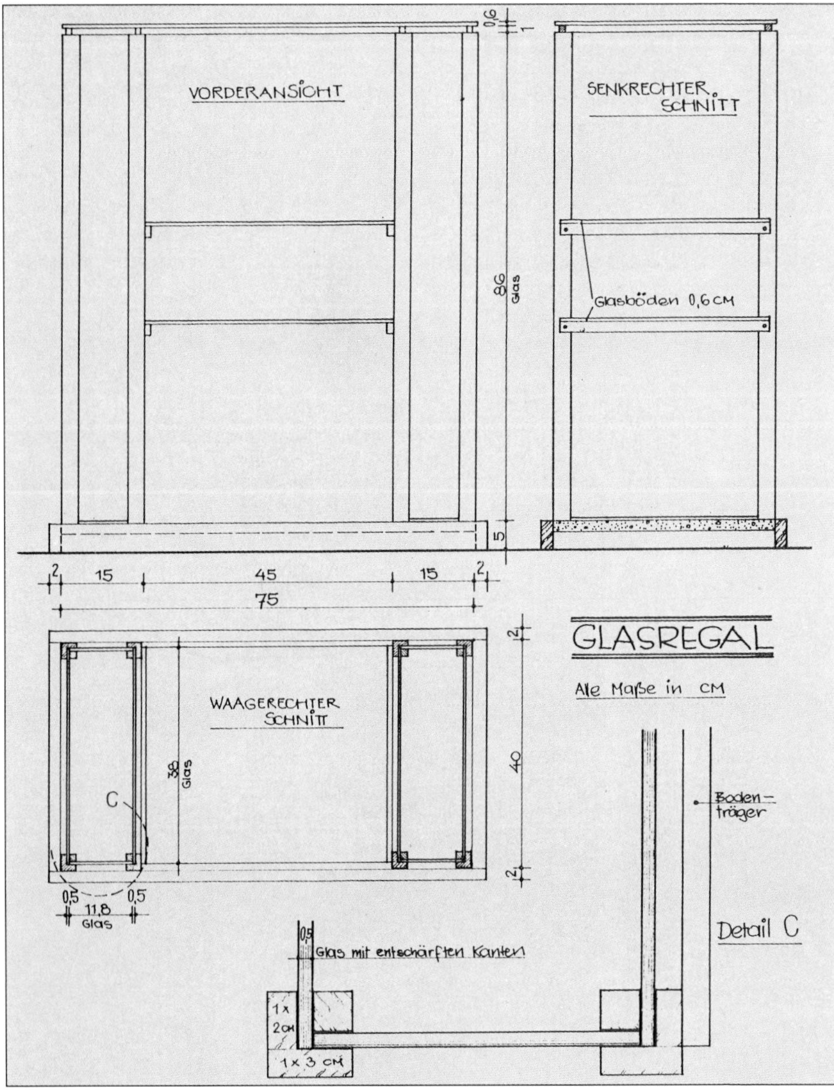

Glasregale wirken transparent und leicht. Der besondere Pfiff dieses geklebten Regals liegt in den aufgedoppelten Seitenteilen, die gleichzeitig für Stabilität sorgen.

Begonnen wird mit dem Bau dieser rechteckigen Glaskästen. Sie entstehen aus jeweils vier vom Glaser zugeschnittenen preiswerten Fensterglasscheiben. Zum Verkleben eignet sich transparenter Disboflex-Silikonkautschuk besonders gut. Er wird mit einer Handdruckpistole (etwa 20 Mark im Fachhandel) in einer Breite von 5 mm auf die ungeschliffenen Glaskanten aufgetragen. Anschließend stellt man die Zuschnitte senkrecht rechtwinklig auf und

fixiert sie mit breiten Selbstklebebändern. Die äußeren Ecken der Bauteile werden mit je einer Winkelleiste zusätzlich stabilisiert. Diese werden mit umweltfreundlichem Capacryl-Lack gestrichen. Auch diese Winkelleisten werden mit Disboflex verklebt, ebenso eine innen angebrachte Vierkantleiste. So sind sämtliche scharfen Glaskanten mit Holz bedeckt.
Das Glasregal steht auf einer Bodenplatte, die aus lackierter Spanplatte besteht. Damit die seitlichen Glasteile nicht verrutschen können, werden zwischen die Eckprofile 5 mm dünne Leisten mit Ponalexpreß aufgeleimt. Der Zwischenboden liegt auf Fichtenleisten, die nicht nur verleimt, sondern auch noch mit einer Schraube befestigt werden. Natürlich kann man auch mehrere dieser Regale zu einer Wand zusammenbauen, die dann auf einer gemeinsamen Bodenplatte stehen sollten.

Materialliste

Pos.	Anz.	Bezeichnung	Maße in mm	Material
1	1	Bodenplatte	750 x 400	Spanplatte 19 mm
2 3	2 2	Sockelleisten Sockelleisten	790 lang 400 lang	Fichte 20 x 50 mm
4	8	Winkeleckleisten	860 lang	Fichte 10 x 30 mm
5 6	8 4	Winkeleckleisten Bodenträger	860 lang 380 lang	Fichte 10 x 20 mm
7	8	Eckleisten	860 lang	Fichte 15 x 15 mm
8 9	2 4	Leisten für oberen Abdeckrahmen Leisten für oberen Abdeckrahmen	735 lang 365 lang	Fichte 10 x 10 mm
10 11	4 4	Leisten auf Bodenplatte Leisten auf Bodenplatte	340 lang 90 lang	Fichte 5 x 10 mm
		Glas:		
12 13	4 4	Seiten Blenden (vorn + hinten)	860 x 380 860 x 118	Spiegelglas 5 mm, klar (z. B. Planilux) mit Schnittkanten
14 15	1 2	Platte Böden	750 x 400 450 x 380	Spiegelglas 6 mm klar (z. B. Planilux) mit geschliffenen Kanten

Disboflex-Transparent; Ponal-express-Weißleim; Capacryl-Lack; 8 Holzschrauben 2,4 x 17 mm.

Auf je eine Kante der Glasscheiben wird Disboflex-Silikonkautschuk aufgetragen. Dann stellt man sie senkrecht und rechtwinklig auf und fixiert sie provisorisch mit Klebebändern. Bei dieser Arbeit ist Vorsicht geboten: Die Kanten sind scharf!

An den jeweils äußeren Ecken der Glaskästen werden Winkelleisten aus Fichtenholz mit den Scheiben verklebt. Auch dafür verwendet man Disboflex. Zweckmäßigerweise lackiert man sie bereits vor dem Verkleben.

An den Außenseiten Winkelleisten und im Inneren der Ecken eine Vierkantleiste geben der Konstruktion nicht nur Halt, sondern auch einen effektvollen Akzent. Die Bodenträger bestehen ebenfalls aus Fichtenleisten.

Der obere Rahmen und die Leisten auf der Bodenplatte halten die einzelnen Kästen zusammen. Der Abdeckrahmen ist zugleich Träger des oberen Glasbodens, der geschliffene Kanten haben sollte.

Thema mit Variation

Durch Ergänzungen kann man System-Möbel, die von einer Firma geliefert werden, wie hier beispielsweise von PARADOR, ganz nach seinem individuellen Geschmack gestalten.

Sehen sie nicht gut aus, unsere beiden edlen Vitrinen aus Kirschbaumholz? Im Rohbau unterscheiden sie sich kaum. Erst die Details geben jedem der beiden Modelle einen individuellen, reizvollen Charakter – geprägt vor allem durch diejenigen Teile, die wir in unserer Werkstatt den Fertig-Elementen aus dem Möbelstudio hinzugefügt haben: dem Modell 2 die eckige mittragende Unterkonstruktion aus mitteldichter Faserplatte, kurz MFD, einem Material, das sich bekanntlich wie Vollholz behandeln läßt. Beim Modell 1 kommen dagegen geschweifte Leimholz-Formen zum Tragen, die den zwei seitlich angesetzten Schubladen-Elementen fast schwebend Halt zu geben scheinen.

Für die angemessene Beleuchtung der Vitrinen sorgen Halogen-Strahler, die jeweils am oberen Boden eingebaut sind. Trafo und Kabel lassen sich ohne großen Aufwand in der Konstruktion geschickt ver-

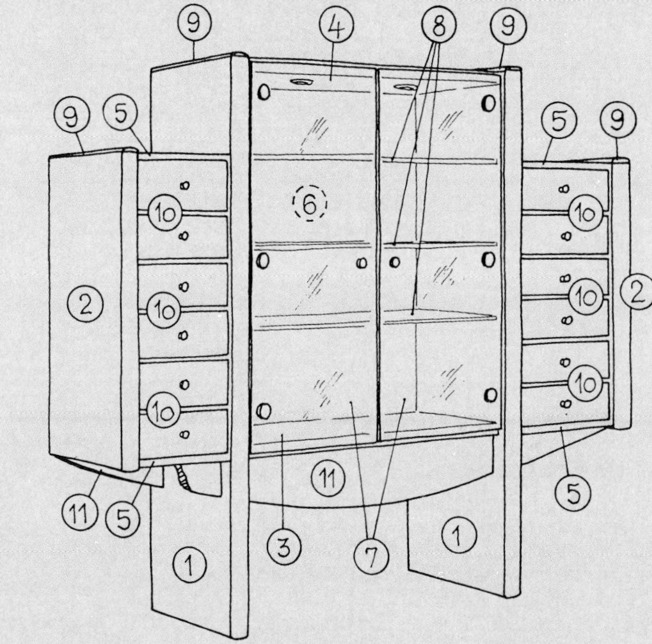

9
4
8
9
9
5
5
9
6
10
10
2
10
10
2
10
10
11
11
5
5
3
7
1
1

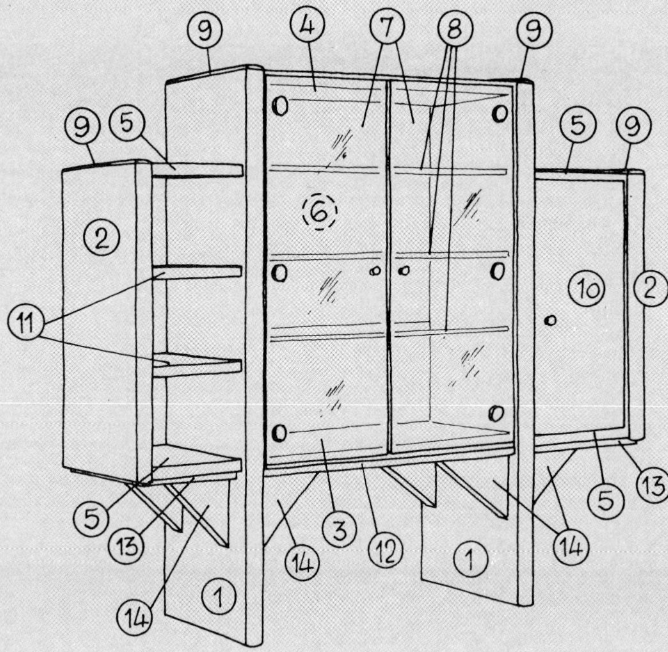

9
4
7
8
9
9
5
5
9
6
2
10
2
11
5
13
3
12
14
5
13
14
1
1
14

Materialliste

Modell 1:

Pos.	Anz.	Bezeichnung	Maße in mm	Material
1	2	Aufsatz-Regalstollen	1803 x 333	RS A 11
2	2	Regalstollen (Sondermaß)	990 x 333	RS SM
3	1	Konstruktionsboden	995 x 303	KB
4	1	Konstruktionsboden	995 x 303	KBL
5	4	Konstruktionsböden	333 x 303	KB
6	1	Rückwand	1251 x 995	RW R8
7	2	Glastüren	1273 x 493	GT R8
8	3	Glasböden	995 x 286	GLB
9	4	Regalstollen-Abdeckungen	333 x 40	RAP 3
10	2	Schubkästen	333 x 333	SK R1
11	2	Tragelemente	1820 x 180	Kiefer-Leimholz 28 mm

Pos. 1–10 PARADOR-Teile, dazu: Konstruktionsbeschläge; Bodenträger; Beschläge für die Glastüren.

Modell 2:

Pos.	Anz.	Bezeichnung	Maße in mm	Material
1	2	Aufsatz-Regalstollen	1803 x 333	RS A 11
2	2	Regalstollen (Sondermaß)	990 x 333	RS SM
3	1	Konstruktionsboden	995 x 303	KB
4	1	Konstruktionsboden	995 x 303	KBL
5	4	Konstruktionsböden	333 x 303	KB
6	1	Rückwand	1251 x 995	RW R8
7	2	Glastüren	1273 x 493	GT R8
8	3	Glasböden	995 x 286	GLB
9	4	Regalstollen-Abdeckungen	333 x 40	RAP 3
10	2	Schranktüren	952 x 331	ST R6
11	4	Fachböden	333 x 286	FB
12	1	Mittelplatte	995 x 295	MDF 19 mm dick
13	2	Seitenplatten	355 x 295	
14	8	Konsolen	250 x 250	

Pos. 1–11 PARADOR-Teile, dazu: Konstruktionsbeschläge; Bodenträger; Beschläge für die Glastüren. Zu MDF: Spanplatten-Schrauben; Holzleim.

Die Positionen 1 bis 9 sind für beide Modelle gleich. Unsere Fotofolge beschreibt den Bau der Schubladen-Version (Nummer 1). Das Modell 2 unterscheidet sich davon – außer durch die Türen – nur durch die Eigenbau-Anteile, hier aus MDF (Pos. 12 bis 14).

stecken, wie es in der Bildfolge gezeigt wird.
Für beide Varianten sollten Sie zunächst die Träger-Elemente vorbereiten. Die geschweiften Teile werden beiderseits durch die mittleren Stollen gesteckt. Man muß deshalb die Schnitte in den Stollen so anlegen, daß sie sich dem leicht gerundeten Verlauf der Träger anpassen. Sie können aber auch die Träger passend ausklinken, so daß sie formschlüssig in die Schlitze einrasten. Beide Verbindungen sind ohne jede weitere Fixierung stabil.
Beim Sägen muß man etwas aufpassen. Zur Vorsicht sollten Sie die Sägekanten auf den Stollen mit Klebeband markieren, sonst reißt das schöne, teure „Anigré Kirsch"-Holz sehr wahrscheinlich aus, oder die Oberfläche wird durch den Sägeschuh verkratzt. Nach dem Schneiden muß man die Träger sauber schleifen und lackieren. Wir haben uns in beiden Fällen für Schwarz entschieden, das sieht zu dem vornehmen Holzton am besten aus.
Dann beginnt Ihre konstruktive Tätigkeit. In unserer Fotofolge ist sie am Beispiel des Modells 1 dargestellt. Wir verlassen uns dabei nicht allein auf die statischen Fähigkeiten der Zutaten, sondern stecken die System-Elemente mittels einer vorgefrästen Nut auf Leisten auf, die wiederum vorher an die Wand gedübelt wurden, ein Verfahren, das wir zur sicheren Befestigung öfter anwenden.Wir haben die mittleren Stollen um 10 Millimeter gekürzt, um sie mit dem oberen Boden bündig ab-

Beim Aussägen der Schlitze in den Stollen für die Träger-Elemente muß man vorsichtig sein. Klebeband verhindert das Ausreißen und Verkratzen der Oberfläche.

Durch die Vorbereitung der Teile durch das Werk ist der Zusammenbau ganz einfach. Hier werden die Laufschienen und Konstruktionsbeschläge an der Stollenwand befestigt.

Die selbstgefertigten Tragelemente, auf denen später die Seitenteile mit den Schubkästen ruhen, werden erst in den rechten und dann in den linken Stollen geschoben. Da entweder die Schlitze der Rundung angepaßt oder die geschweiften Teile ausgeklinkt sind, hält die Verbindung ohne jede weitere Fixierung.

schließen zu lassen. Die Sägekante an den Regalstollen läßt sich durch passende aufgeleimte Abdeckungen kaschieren. Die Glastüren montieren Sie am besten erst, wenn die Bodenträger bereits in den Lochreihen fixiert sind. In etwas anderer Reihenfolge, als es unsere Fotos zeigen, gehen Sie beim Modell 2 vor: Hier werden die dreieckigen Träger-Elemente nicht zu Beginn angebracht, sondern erst, wenn der Korpus bereits fertig montiert ist. Man schraubt sie – durch die Spitze der Dreiecke hindurch – an den mittleren Regalstollen und den unteren Böden fest. Dabei sichert zusätzlich Lackleim die Haltbarkeit der Verbindungen.

An die Stelle der Schubladen haben wir bei dieser Variante zwei Türen gesetzt, die im PARADOR-Programm ebenfalls fertig zu haben sind. Deren Montage ist ganz einfach. Die Bohrungen für die Topfscharniere sind nämlich vom Werk schon ins Holz eingebracht. Auf der Stollenseite wiederum schrauben Sie die Türen-Träger nur in die vorhandenen Bohrungen der vorderen Lochreihe fest.

Die Kabel der Beleuchtung kann man leicht verschwinden lassen. Sie werden durch kleine Aussparungen an der Stollenrückseite vom Lichtboden bis zum Transformator geführt.

Auch der Trafo läßt sich leicht verstecken. Er wird an der Innenseite der Stollenwand befestigt. Passende Aussparungen sorgen auch hier für eine unauffällige Führung der notwendigen Kabel.

Die kurzen seitlichen Regalstollen, die man als Sondermaß extra bestellen muß, werden ebenfalls auf angedübelte Wandleisten geschoben. Anschließend kann man die Konstruktionsböden leicht einsetzen.

Im oberen Boden der Vitrine finden die Halogenleuchten ihren Platz. Auch hierfür sind die Aussparungen bereits vom Werk fertig vorbereitet, so daß man die Strahler nur noch einsetzen muß.

Der Oberboden läßt sich mittels Buchsen einhängen. Die Kabel, die hier noch herumhängen, verschwinden später in der rückseitigen Nut und stören so nicht mehr die Optik.

Im Gegensatz zu normalen Schrankbauten wird hier die Rückwand von vorne her eingesetzt und festgeklemmt. Möglich wird dies durch ein umlaufendes elastisches Profil.

Nun können Sie die Schubkästen auf die Laufschienen setzen, die bereits am Anfang an den Seiten der Stollenwände befestigt worden sind. Gehalten werden die Laden durch je eine Gewindeschraube.

Auch für die Befestigung der Glastüren sind sämtliche Bohrungen schon vom Werk vorgefertigt. Sie sollten die Türen erst montieren, wenn die Bodenträger bereits in den Lochreihen fixiert sind.

Schichtarbeit

Gasbeton läßt sich leicht mit den in einem Heimwerker-Haushalt ohnehin vorhandenen Werkzeugen bearbeiten. Die Planbauplatten, die die Seitenteile des Regals bilden, werden mit einem Fuchsschwanz auf die richtige Länge gesägt, um die Zwischenräume zwischen den Fachböden auf die individuellen Bedürfnisse einzustellen.

Nun werden alle Unebenheiten und die Schnittflächen mit Schleifpapier, das man am besten um einen Holzklotz legt, geglättet. Ebenso werden die Kanten gebrochen.

Exaktes Markieren der Bohrlöcher gelingt leicht mit einer Bohrschablone, die man sich selbst aus einem Winkelblech und einem Stückchen Holz anfertigt.

Gasbeton ist ein vielseitiger Werkstoff. Wer denkt, daß man damit nur Häuser oder Garagen errichten kann, der irrt gewaltig. Auch im Haus läßt sich damit viel Nützliches konstruieren. Da dieses Material in einer ganzen Palette von Formaten und Ergänzungsprodukten im Handel ist, kann gerade der Do-it-yourself-Heimwerker viel damit anfangen. Dazu kommt, daß Gasbeton sich fast spielend und ohne den Einsatz von besonderem Werkzeug bearbeiten läßt.

Wer noch nie mit diesem vielseitigen Material gearbeitet hat, sollte mit etwas Einfachem beginnen – und da kommt unser Regal gerade richtig. Die Böden bestehen aus 20 Millimeter dicken Leimholz-Brettern, wie man sie in verschiedenen Größen in jedem Baumarkt fertig zugeschnitten kaufen kann. Wir wählten ein Maß von 800 x 300 Millimetern. Für die Seitenteile verwendeten wir Planbauplatten mit den Standardmaßen 500 x 250 x 75 Millimeter. Allerdings haben wir die Platten etwas gekürzt, um die Fächer nicht zu hoch werden zu lassen. Gasbeton läßt sich leicht mit dem Fuchsschwanz schneiden, so daß Sie die Fachhöhe bequem Ihren individuellen Bedürfnissen anpassen können, je nachdem, ob später Bücher oder Aktenordner in dem Regal Platz finden sollen. Damit der spätere Zusammenbau exakt klappt, muß man genau arbeiten. Bei den Bohrungen hilft dabei eine Schablone, die man sich selbst anfertigt. Wer eine ruhige Hand hat, kann damit freihändig arbeiten, besser aber ist der Einsatz eines sogenannten Bohrmobils.

Wer eine ruhige Hand hat, kann nun mit Hilfe der Bohrschablone die Bohrungen freihändig setzen.

Besser aber ist die Verwendung eines sogenannten Bohrmobils, das exakt senkrechte Bohrungen ermöglicht.

In die beiden äußeren Bohrungen in den Gasbetonplatten werden Dübel mit leichten Hammerschlägen eingetrieben, um die Bretter mit den Steinen verschrauben zu können.

Holzdübel, die durch die mittlere Bohrung der Brettseiten geschlagen werden, fixieren den unteren und den oberen Gasbetonstein.

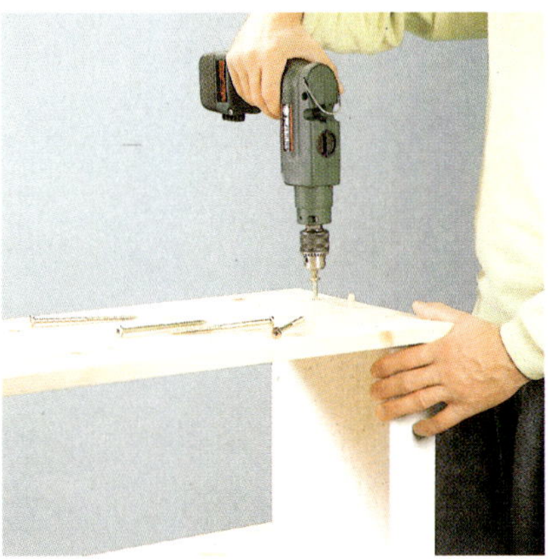

Dübel und Schrauben geben der Konstruktion einen festen Halt.

In dieser Weise läßt sich Etage auf Etage bis zur gewünschten Höhe setzen.

Transparenz mit Holz

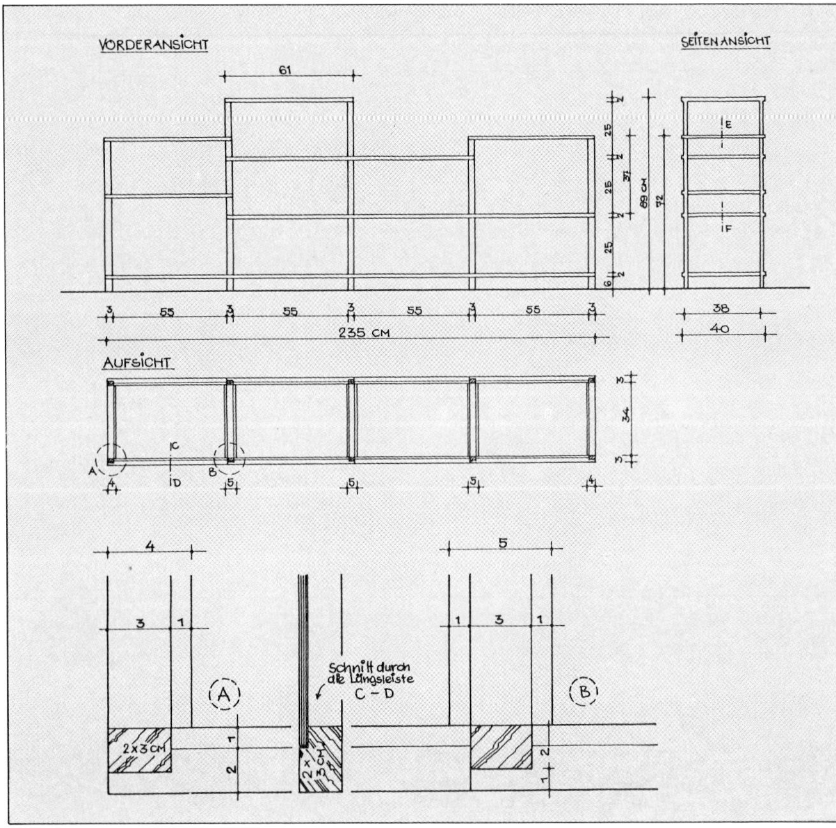

Glasregale sind in der Wohnung wegen ihrer Transparenz beliebt. Allerdings sind sie in der Anschaffung auch ziemlich teuer, weil geschliffene Glaskanten nur mit hohem Arbeitsaufwand zu erzielen sind. Aus diesem Grund wurden bei dem hier vorgestellten Regal ausschließlich preiswerte Glasböden mit ungeschliffenen Kanten verwendet. Sie sind dabei so versenkt, daß keine Verletzungsgefahr besteht.

Je nach Verwendungszweck läßt sich dieses Regal farbig akzentuieren und mit einer Stereoanlage ausstatten oder auch als halbhoher Raumteiler nutzen. Dabei kann man die Holzleisten farblich der vorhandenen Wohnatmosphäre anpassen. Die Holzleisten werden zunächst nach der Materialliste zugeschnitten oder schon fertig eingekauft. Anschließend sollen alle Längsleisten zu einem „Paket" zusammengelegt werden. So ist es am einfachsten, die Ausklinkungen für die Verbindungen mit den senkrechten Stützen jeweils genau übereinstimmend anzuzeichnen. Diese Ausklinkungen sind 30 mm breit und 20 mm tief. Außerdem müssen alle waagrecht verlaufenden Leisten mit einem Falz versehen werden, der 10 mm tief und 4 bis 5 mm hoch ist. Um den Falz herzustellen, wird entweder eine Tischkreissäge mit Anschlagschlitten und höhenverstellbarem Sägeblatt benötigt oder eine Stichsäge, die mit einem Säge-

tisch ausgestattet ist. Nachdem die Einschnitte ausgeführt sind, wird der Falz durch Ausstemmen der nicht benötigten Holzteile komplettiert.
Danach ist es erforderlich, die Ausklinkungen in den Längsleisten auszustemmen. Es folgt die Montage der senkrechten Stützen mit den Querstücken, so daß Rahmenbauteile entstehen, die später mit den Längsleisten miteinander verbunden werden können. An alle Holzverbindungsstellen wird Ponal-expreß-Holzleim gegeben, bevor zusätzlich ein bis zwei Holzschrauben für den nötigen Preßdruck und die Stabilität sorgen.
Die Querstücke sind 4 cm breit; wenn nur ein Glasboden aufliegt, sind es zwei, so daß die Breite 5 cm beträgt. Um die Rahmenbauteile bei der Montage nicht zu verwechseln, empfiehlt es sich, sie zu numerieren.
Ist der Leim trocken, kann man die senkrechten Bauteile mit den Längsteilen montieren. Begonnen wird dabei mit den mittleren Rahmenteilen. Es entsteht so eine leichte Rahmenkonstruktion, die nahezu verwindungssteif ist.
Nach dem Spachteln und Schleifen wird die Holzkonstruktion mit Capacryl-Lack gestrichen. Während der Lack trocknet, werden die Glasböden, die vom Glaser zugeschnitten wurden, mit einem Abziehstein behandelt. Er wird an allen Glaskanten im Winkel von 45 Grad so lange entlanggeführt, bis eine kleine Fase entsteht, d. h. bis das Glas „gesäumt“ ist.

Materialliste

Pos.	Anz.	Bezeichnung	Maße in mm	Material
1 2	6 4	senkrechte Stützen senkrechte Stützen	720 lang 890 lang	Fichte 20 x 30 mm
3	14	Querstücke	340 lang	Fichte 20 x 40 mm
4	6	Querstücke	340 lang	Fichte 20 x 50 mm
5 6 7 8	2 2 2 8	Längsleisten Längsleisten Längsleisten Längsleisten	2350 lang 1770 lang 1190 lang 610 lang	Fichte 20 x 30 mm
9	13	Glasböden durchsichtig	548 x 358	4 mm Planilux Spiegelglas

Holzschrauben; Ponal-express-Holzleim; Capacryl-Holzgrund; Capacryl-Lack.

Mit Hilfe einer Kreis- oder Stichsäge werden die Ausklinkungen angefertigt. Nachdem die Einschnitte gesägt sind, wird das restliche Holz mit einem Stemmeisen ausgestemmt.

Die Ausklinkungen passen in ihre Gegenstücke. Ponal-expreß-Holzleim verbindet die Holzteile, eine oder zwei Schrauben sorgen für Anpreßdruck und Festigkeit.

Die fertige Rahmenkonstruktion wird mit wasserlöslichem Capacryl-Lack gestrichen. Ein vorher verstrichener Holzgrund bietet gute Haftung und verhindert Verfärbungen.

Die Kanten der fertig zugeschnittenen Glasplatten werden mit einem Abziehstein bearbeitet, bis eine Fase entsteht. Wer sich diese Mühe nicht machen will, sollte die Kanten abdecken.

Dekorativer Schreibplatz

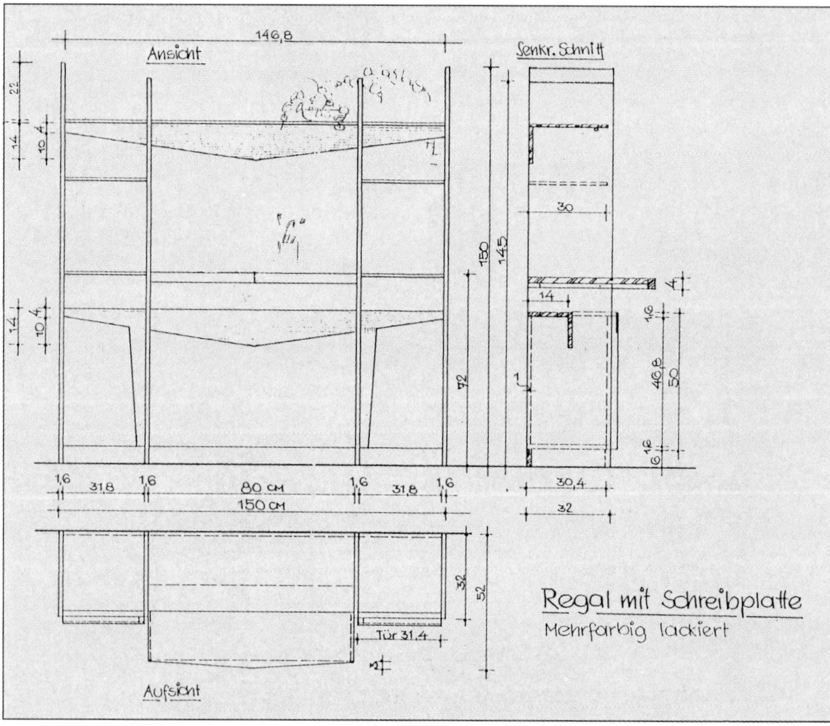

Funktionelle Schreibplätze im Wohnbereich sehen allzuoft büromäßig aus, sie brauchen dann auch dementsprechend viel Platz. Dagegen ist das hier vorgestellte Selbstbauregal mit Schreibplatte platzsparend und zugleich wohnlich, so daß es sich beispielsweise auch im Flur einplanen läßt.

Der Nachbau dieses Schreibplatzes ist deshalb nicht schwer, weil alle Holzverbindungen durch Schrauben oder Nageln unter Zusatz von Ponal-expreß-Weißleim erzielt werden können. Da außerdem überwiegend Spanplatten eingesetzt werden, ist das originelle Regal auch nicht einmal teuer. Die benötigten Teile können entsprechend der Materialliste im Heimwerker-Fachhandel schon zugeschnitten eingekauft werden.

Bevor die beiden jeweils genau gleichen Einzelregale, zwischen denen die Schreibplatte angeordnet ist, miteinander verbunden werden, sollten die oberen Kanten mit dem Hobel leicht angeschrägt werden.

Es folgt das Verbinden der Seitenteile mit den zwei unteren festen Böden und der hier zugehörenden Rückwand unter Zugeben von Ponal-expreß. Man kann die Spanplatten natürlich zusammennageln; stabiler ist jedoch das Verbinden mit Holzschrauben, deren Köpfe oberflächenbündig sind oder leicht versenkt werden. Spanplattenschrauben eignen sich hier besonders, da sie ein Vorbohren unnötig machen. Während der Leim trocknet, werden beide Regalverbindungsteile oben und unten abgeschrägt, wie in der Konstruktionszeichnung dargestellt. Außerdem kann man die Tischplatte mit Leisten umleimen, die wieder zusätzlich angenagelt oder verschraubt werden.

Die in Sitzhöhe befindliche dreieckige

Blende wird mit einem schmalen Boden rechtwinklig verbunden, der auf zwei Fichtenleisten an den Innenseiten der beiden äußeren Regalschränke aufliegt. Außerdem werden auch die Tragleisten für die Tischplatte angeleimt und verschraubt. Nun ist es möglich, die beiden Regale mit dem unteren Boden und der Schreibplatte fest zu verbinden. Die obere Querblende wird in die Spanplattenteile eingelassen, verleimt und zusätzlich verschraubt. Jetzt fehlt nur noch die untere Sockelleiste, um dem Schreibplatz seine endgültige Stabilität zu geben. Die Türen werden mit Klavierband oder Kistenscharnieren angebracht; die Griffe werden angeschraubt. Zum Schluß wird das Möbel mit Capacryl lackiert; die Schreibfläche sollten Sie nach dem Trocknen der Farbe für höhere Festigkeit noch zweimal mit farblosem Disboklar-Sprühlack überziehen.

Materialliste

Pos.	Anz.	Bezeichnung	Maße in mm	Material
1	2	Außenseiten	1500 x 320	Spanplatte 16 mm dick
2	2	Innenseiten	1450 x 320	
3	1	oberes Querbrett	1468 x 140	
4	2	Boden + Querbrett	800 x 140	
5	1	Tischplatte	780 x 490	
6	4	Böden	318 x 304	
7	2	Türen	500 x 314	
8	2	Rückwände	468 x 318	Spanplatte 10 mm dick
9	1	oberer Mittelboden	800 x 300	
10	6	Einlegeböden	318 x 300	
11	2	Abschlußleisten	490 lang	Fichte 40 x 10 mm
12	1	Abschlußleiste	800 lang	Fichte 40 x 30 mm
13	2	Trägerleisten	317 lang	Fichte 20 x 20 mm
14	2	Griffleisten	317 lang	
15	2	Griffleisten	480 lang	
16	1	Sockelleiste	800 lang	Fichte 60 x 20 mm
17	2	Sockelleisten	318 lang	
18	1	Griffplatte	440 x 160*	Sperrholz 5 mm
19	1	Griffplatte	317 x 160*	

2 Klavierbänder, 500 mm lang; 2 Magnetschnäpper; 20 Bodenträger; Nägel oder Spanplatten-Schrauben; Holzleim.

* Zeichnen Sie die Platte so an, daß mit einem Schrägschnitt die zwei erforderlichen Teile entstehen.

Die Einzelteile des Schreibregals kauft man fertig zugeschnitten. Sie werden unter Zugabe von Ponal-expreß zusammengenagelt, besser noch mit Holz- oder Spanplattenschrauben zusammengeschraubt.

Die untere Blende wird mit einem schmalen Fachboden rechtwinklig verbunden, der auf Kiefernleisten liegt; diese wiederum sind an den Wänden der beiden äußeren Regale angebracht.

Die obere Querblende wird in die Spanplattenteile eingelassen. Die Aussparungen dafür kann man mit einer Stichsäge ausarbeiten. Um hohe Festigkeit zu erzielen, wird auch die Querblende verleimt und verschraubt.

Zum Lackieren des Schreibplatzes empfehlen sich umweltfreundliche Capacryl-Lacke. Die Schreibfläche selbst sollte zusätzlich mit farblosem Disboklar-Sprühlack überzogen werden.